Edmund von Heyking

Zur Geschichte der Handelsbilanztheorie

Edmund von Heyking

Zur Geschichte der Handelsbilanztheorie

ISBN/EAN: 9783743334779

Hergestellt in Europa, USA, Kanada, Australien, Japan

Cover: Foto ©ninafisch / pixelio.de

Manufactured and distributed by brebook publishing software
(www.brebook.com)

Edmund von Heyking

Zur Geschichte der Handelsbilanztheorie

Einleitung.

Die Idee der Handelsbilanz entstand beim Ausgange des Mittelalters und mit dem Beginn der Neuzeit. Somit fällt die Entstehung dieser Idee in dieselbe Zeit, in welcher das Denken sich der selbstständigen Erforschung der wirthschaftlichen Erscheinungen innerhalb des Lebens der zu Staaten formirten Völker Europas zuwendet und in welcher die Bedeutung der wirthschaftlichen Vorgänge für alle anderen Gebiete des staatlich-socialen Lebens erkannt wird. Im Laufe der Entwickelung des ökonomischen Gedankens wechselt das Rangverhältniss, in welchem die Idee der Handelsbilanz zu den übrigen Ideen und Grundsätzen dieses Erkenntnissgebietes steht. Anfangs als leitendes Prinzip und Ausgangspunkt aller ökonomischen Betrachtung angesehen und fast über die Grenzen theoretischer Erkenntniss hinaus hochgestellt erfährt die Idee der Handelsbilanz später Einschränkungen, skeptische Kritik, ja völlige Läugnung ihrer Existenzberechtigung. Dieser Kritik gelingt es jedoch nicht, die Idee der Handelsbilanz endgültig zu beseitigen und gerade die in neuester Zeit eingetretene Wendung des ökonomischen Erkenntnissganges zeigt sich geneigt der Idee der Handelsbilanz ihre wohlberechtigte Bedeutung, wenn auch mit nothwendiger Einschränkung ihrer Geltung auf einen engeren Kreis, wieder beizumessen.

Da die Vorstellung von einer Handelsbilanz auf einem realen Vorgang beruht, so konnte die thatsächliche Existenz derselben ebenso wenig wie die irgend einer anderen realen Erscheinung in Abrede gestellt werden. Bei dem Streite um die Existenzberechtigung der Idee der Handelsbilanz handelte es sich daher immer nur um die

Frage des Vorhandenseins oder Nichtvorhandenseins realer Wirkungen dieses Vorganges. Nicht die Existenz des Vorganges wurde also geläugnet, sondern die Handelsbilanz wurde als indifferentes „Ding an sich," das keine für das übrige Wirthschaftsleben in Betracht kommende Wirkungen äussern könne und daher nicht in den Kreis der politisch-ökonomischen Erwägung falle, hingestellt.

Da nun die Handelsbilanz eine in erster Reihe mit dem Gesammtorganismus der staatlichen Volkswirthschaft in Beziehung stehende Erscheinung ist und somit ihre Wirkungen zunächst nur dem Interesse dieser Gesammtheit und nicht den Einzelinteressen der individuellen Glieder der letzteren fühlbar werden können, so wird die Empfindung für die Wirkungen der Gestaltung der Handelsbilanz in demselben Grade steigen oder abnehmen, als das Bewusstsein von der Existenz einer solchen über den Individualinteressen stehenden staatlichen Gesammtheit im Zunehmen oder im Abnehmen begriffen ist. Es ist nun eine wohl zu beachtende Thatsache, dass die Idee der Handelsbilanz dort und zu der Zeit die grösste Rolle spielt, wo das Bewusstsein von der Solidarität der zur staatlichen Persönlichkeit vereinigten Individuen rege und lebendig ist, und dass umgekehrt diejenige Zeit, in welcher nationale Instincte und Begriffe von kosmopolitisch-rationalistischen Abstractionen verdrängt werden, auch die Idee der Handelsbilanz zurücktreten lässt.

Mag nun dieses geschichtlich zu verfolgende Hervortreten oder Zurückweichen der Idee der Handelsbilanz in Begleitung des Wachsens oder der Abnahme des national-staatlichen Bewusstseins als Beweis für die bleibende national-ökonomische Bedeutung dieser Idee betrachtet werden, oder mag einer anderen Auffassung, die alle aus den nationalen Gegensätzen entspringenden Bestrebungen und Kämpfe heute schon als bedauerliche Reste einer zu überwindenden Culturstufe betrachtet wissen will, dieser Parallelismus der beiden Erscheinungen nur als eine weitere Ursache zur Bekämpfung dieser Idee erscheinen, jedenfalls wird eine Idee, die Jahrhunderte hindurch eine Rolle in dem Entwickelungsgange des staatlich-socialen Lebens und Gedankens gespielt hat, der näheren Prüfung und der Untersuchung ihres geschichtlichen Verlaufes wohl würdig erscheinen. — Daher ist eine weitere Rechtfertigung dessen, dass hier der Versuch gemacht worden ist, eine Geschichte der Idee der Handelsbilanz zu geben, wohl nicht nöthig. Wohl aber bedarf es einer Entschuldigung, dass in dem Folgenden noch keine abgeschlossene Arbeit, sondern nur der erste Theil derselben dem Leser geboten und somit die Nachsicht seines Urtheils bis zum Zeitpunkt, wo die vollendete Arbeit vorliegen wird, in Anspruch genommen wird. Der Verfasser hofft bald im Stande zu sein, Fortsetzung und Schluss dieser Untersuchung folgen zu lassen.

Von den vorliegenden vier Kapiteln sucht das erste zur Einleitung aus den staatlich-socialen Verhältnissen beim Ausgange des Mittelalters und dem Beginn der sogen. merkantilistischen Periode die realen Ursachen nachzuweisen, welche die Idee der Handelsbilanz und ihre damalige Form hervorrufen mussten; das zweite Kapitel erörtert die Beziehungen der Idee der Handelsbilanz zu den international-politischen Theorien des 17. und 18. Jahrhunderts, ohne deren gleichzeitige Berücksichtigung nach des Verfassers Meinung die Handelsbilanzlehre und die mit ihr zusammenhängende nationale Handelspolitik gar nicht in ihrer politisch-staatlichen Bedeutung gehörig gewürdigt werden kann. Die beiden letzten Kapitel geben die Geschichte der Entstehung und ersten Entwickelung des Bilanzsystems und der Handelsbilanzlehre in England bis zum Schlusse des 17. Jahrhunderts.

I. Capitel.

Theorie der Entstehung der Handelsbilanzlehre.

Seit dem Ausgange des Mittelalters besteht die Geschichte der Europäischen Staaten in der Entwickelung ihres Selbstbewusstseins. Eine Individualität kann nicht anders zum Bewusstsein ihrer selbst gelangen, als durch die Erkenntniss des Gegensatzes, in welchem sie allen anderen Individualitäten gegenüber steht. Der mit dem Begriffe der Individualität theoretisch gegebene Gegensatz nimmt, sobald er den Boden des praktischen Lebens betritt, die Form eines Kampfes um die persönliche Selbstständigkeit an. So enthält die Geschichte der sich entwickelnden Staatsindividualitäten seit dem Beginne der Neuzeit einen fortgesetzten Kampf der Staaten untereinander, hervorgegangen aus dem wachsenden Bewusstsein des Widerstreites der Existenzbedingungen des einen Staates dem anderen gegenüber. In diesem Kampfe entwickelt und kräftigt sich der Einzelstaat durch eine innere Consolidirung und Vereinheitlichung, die durch die Ueberwindung der Ständeherrschaft des Mittelalters seitens der staatlichen Centralgewalt vollzogen wird. Zu gleicher Zeit gelangt der Staat zu einer wachsenden Erkenntniss der eigenen Kräfte und Mittel und hiernach zu einer bewussten Pflege und Förderung dieser Kräfte.[1] Endlich erreicht auf der Grundlage dieser

---

[1] Die Statistik ist das Mittel, durch welches der Staat zum Bewusstsein seiner Kräfte und der materiellen Grundlage seiner Existenz gelangt. Die Entwickelung der Statistik geschieht nun im genauestem Parallelismus zur Entwickelung des selbstständigen Einheitsstaates; man darf sagen, dass der Grad der Entwickelung der Statistik in einem Staate stets genau auch den Grad seiner politischen Entwickelung anzeigt. Siehe hierüber: Fallati, „Einleitung in die Wissenschaft der Statistik" (Tübingen 1843) S. 143 ff. Beweise für diesen Parallelismus im Einzelnen findet man auch in Dr. Fr. Wilh. Schuberts Handbuch der Allgemeinen Staatskunde von Europa, 1. Bd., 1. Thl. (Königsberg 1835) S. 1—44. Fallati sagt über die von uns hier behandelte Zeit (§ 114 B.): „Das Arrondirungs-

realen Entwickelung der Staatsindividualität auch der theoretische Staatsgedanke die Höhe, von welcher er den Staat als selbstbewusste volle Persönlichkeit erkennt.[1]

Zur Sicherung seiner Selbstständigkeit musste der moderne Staat vor Allem die diesem Streben feindlich gegenüberstehenden **Universalideen** des Mittelalters überwinden. Diese die Individualität der Staaten negirenden Ideen universalen Charakters waren die Weltmonarchie und die Weltkirche; ihnen tritt der moderne Staatsgedanke in der Bildung von Nationalstaaten gegenüber. Die nationale Basis ist es, die dem abstracten Staatsgedanken volle Realität verleiht, und die den Staat zur wirklichen Persönlichkeit macht.

Jede Erscheinung des staatlichen Lebens wird in dem Grade an geschichtlicher Bedeutung gewinnen, als sie ein mitwirkender Factor in diesem Prozess der wachsenden Individualisirung gewesen ist. Ein solcher Factor ist die staatliche Wirthschaftspolitik.

Gleichzeitig mit der Entwickelung der Individualität des Staates entsteht in ihm die Sorge für die materielle Grundlage seiner Existenz. Da das staatliche Selbstbewusstsein an demjenigen Punkte zuerst zur Geltung kommen muss, wo es in Gegensatz zu

und Administrations-Princip des absoluten Monarchismus mit seiner soweit wie möglich durchgeführten Centralisation veranlasste im 17. und 18. Jahrhundert nothwendig eine umfassendere Kenntnissnahme der eigenen Staatszustände von Seiten der Regierungen, als die ältere Staatseinrichtung mit ihren vielen vereinzelten und unabhängigeren Kreisen, möglich gemacht und erfordert hatte. Dies Princip (stehende Heere, Beamten-Hierarchie, Kosten des Hofstaates etc.) führte einen durchgreifend fiskalischen Geist, der in den Verhältnissen nach aussen als Merkantilismus auftrat, in seinem Gefolge." Dieser, durch die Statistik vermittelten Selbsterkenntniss des Staates entsprechen die beginnenden Volkszählungen: die ersten: 1683 in Preussen; 1701 in England; in Dänemark 1769; in Spanien 1787; in **Frankreich** erste allgemeine Volkszählung unter Ludwig XIV. (Schubert l. c. S. 43, I. 1).

[1]. Dass der Staat eine Person ist, wird zum ersten Male im Jahre 1642 ausgesprochen. „**Civitas ergo (ut eam definiamus) est persona una.**" Thomas Hobbes. Elementa philosophica de civ. Cap. 5 §. 9. — Die gleiche Definition, aber vollständiger entwickelt giebt dann Hobbes 1651 im Leviathan, (p. I. de homine; proem.) „Magnus ille Leviathan, quae Civitas appellitur opificium Artis est et homo artificialis; quamquam homine naturali et robure et mole multo major; in quo is qui summam habet potestatem pro anima est — — — **divitiae singulorum hominum sunt pro robure.**" In dem gleichen Jahre als Hobbes diese Worte schrieb, wurde die Englische Navigationsacte erlassen, und bald darauf begründete Colbert in Frankreich die nationale Wirthschaftspolitik. 1609 und 1664 wurden die Werke Muns, des theoretischen Begründers des Englischen Merkantilsystems, veröffentlicht.

anderen staatlichen Individualitäten tritt, dieser Punkt aber die
Staatsgrenze ist, so muss auch die Sorge des Staates für die
Sicherstellung seiner materiellen Existenz zunächst an diesem Punkte
des Gegensatzes anderen Staaten gegenüber hervortreten. Dasjenige
Gebiet, auf welchem daher zunächst das Streben des Staates nach
materiellen Mitteln zu Tage tritt, ist der auswärtige Handel
und diejenige Form, in welcher jeder Staat die Befriedigung seines
Bedürfnisses den gleichen materiellen Bedürfnissen aller anderen
Staaten gegenüber sicher zu stellen strebt, ist die nationale Handelspolitik. Die Geschichte der nationalen Handelspolitik beginnt
mit der Geschichte der modernen Nationalstaaten. Auch auf diesem
Gebiete trat die Entwickelung der staatlichen Selbstständigkeit in
Gegensatz zu einer nach Universalherrschaft strebenden Gestaltung
des Mittelalters.[1]) Die nationale Handelspolitik bekämpfte den
Universalhandel, wie er im Mittelalter von den Hansen und den
Italienischen Handelsrepubliken repräsentirt wurde.[2])

Wenn die moderne Staatsindividualität sich zunächst an der
Staatsgrenze geltend machen musste, so war dieser Punkt zugleich

---

[1]) Der weitaus bedeutendste Theoretiker der merkantilistischen Nationalökonomie Sir James Steuart (II. Band der Gesammtausgabe „an inquiry into the
principles of political economy" S. 119) sagt: „Nothing I imagine, but an universal monarchy, governed by the same laws and administered according to
one plan well concerted can be compatible with an universally open trade.
While there are different states there must be different interests."

[2]) Ueber das gegen das Aufkommen des Handels der anderen Völker gerichtete
System von Monopolen und Prohibitionen der Venetianer s. u. a. Dr. Scherer
Geschichte des Welthandels I., S. 317 u. ff. „Es war unverkennbares Augenmerk
der Staatspolitik, Venedig zum Emporium des Welthandels zu machen" und
so eine Art von Zwangsstapel auszuüben. Scherer, S. 318. Der Doge Thomas
Moncenigo sagt 1421 in seinem Bericht über den Handel Venedigs an den Senat·
„Vous êtes les seuls, à qui la terre et les mers soient également ouverts. Vous
êtes le canal de toutes les richesses." — Blanqui, Histoire de l'économie politique.
Cap. XX.

Deshalb ist es ein Unsinn, wenn Blanqui in seiner „Histoire" behauptet,
im Mittelalter habe volle Handelsfreiheit geherrscht und diese natürliche Entwickelung sei durch Carl V. und seine Nachfolger gestört worden. Selbst der
Ultrafreihändler Eugène Daire sagt in seinem Commentar zum 1. ·Bande der
„Principaux économistes" S. 703. „On peut dire que l'Europe n'a jamais joui
complétement de la liberté du commerce. Mais avant 1650 du moins la violation
du principe (?) n'était pas systematique, et elle n'avait d'autre cause que l'ignorance de la fiscalité." England habe durch Erlass der Navigationsacte (1651) das
erste Beispiel gegeben: „de la perturbation préméditée des lois économiques" (?).

derjenige, an welchem die wesentlichste wirthschaftliche Erscheinung der Neuzeit zuerst zu Tage trat. Diese moderne wirthschaftliche Erscheinung ist die Production von Tauschwerthen. Das Wesen der mittelalterlichen Wirthschaft bestand in der Production von Gebrauchswerthen. Dieser Gegensatz wird durch das verschiedene Ziel der beiden Wirthschaftsperioden geschaffen. Die moderne Production ist eine Production für den Verkauf, während im Mittelalter die Subsistenzmittel, deren man in dieser Form bedurfte, zum eigenen Gebrauche produzirt wurden.

Mit diesem begrifflichen Gegensatze, der den wesentlichsten Unterschied des wirthschaftlichen Systems des Mittelalters von dem der Neuzeit enthält, ist selbstverständlich nur diejenige Idee bezeichnet, welche der Richtung der Production in jener und in dieser Periode zu Grunde liegt und sie beherrscht. Im Mittelalter konnte deshalb wohl bereits ein Austausch und Verkauf von Producten stattfinden, aber die Production war noch nicht einzig und allein von dem Zwecke des Verkaufes der Producte bestimmt, sondern lediglich derjenige Theil der Production gelangte zum Austausch gegen andere Producte und zum Verkauf, der einen Ueberschuss über den eigenen Consum bildete.[1])

[1]) Schon Sir James Steuart weist nach, dass die Production von Tauschwerthen das moderne Wirthschaftsleben beherrscht, während eine frühere Periode die Production von Gebrauchswerthen — ohne den Zweck des Tausches oder Verkaufes — zum Ziele hatte. Steuart: An inquiry in to the principles of political economy being an essay on the science of domestic policy in free nations; cfr. namentlich Book II. (ch. XXVIII). Durch die Einschränkung seiner Theorie auf die Volkswirthschaft von „free nations" will Steuart auf ein ökonomisches System hinweisen, in welchem der freie Austausch von Producten an die Stelle des mittelalterlichen von Berechtigungen und Verpflichtungen beherrschten Productionssystems getreten ist. Weil in dem noch unentwickelten auf mittelalterlicher Productionsstufe stehenden Wirthschaftsleben jeder Produzent seine Subsistenzmittel selbst produzirt, und nur der Ueberschuss über den eigenen Bedarf zum Verkauf, also in den Handel, kommt, so definiren die sogenannten Merkantilisten den Handel als den Austausch des „Ueberflüssigen", um dafür das für den Lebensbedarf Nothwendige zu erhalten. Melon: Le commerce est l'échange du superflu pour le nécessaire" (Collect. des princip. économistes t. I. p. 709.) Justi, Grundsätze der Polizeiwissenschaft (3. Ausgabe 1782) § 205 sagt: die Ausfuhr der „überflüssigen Güter" sei der Grund des auswärtigen Handels und Quelle des Reichthums eines Volkes. So entwickelt Steuart die Ansicht, dass erst nach Befriedigung des eigenen Bedarfs an Subsistenzmitteln die Menschen die Production eines über diesen Bedarf hinausgehenden „Ueberflusses" beginnen. Das Motiv, das sie zu dieser Mehrarbeit — der Erzeugung von Tausch-

Die mittelalterliche Productionsweise beruhte auf bestimmten Einrichtungen des Staates und der Gesellschaft, ebenso wie die heutige Productionsweise auf anderen positiven vom menschlichen Willen geschaffenen Einrichtungen und Gesetzen beruht. Die Wirthschaft der Neuzeit besteht in dem freien Austausch von Erzeugnissen; die Wirthschaft des Mittelalters bewegte sich in einem System von Rechten und Pflichten, das jedem Einzelnen seinen bestimmten Platz in der Production anwies. Diejenigen, die in diesem persönlichen Verbande die **Verpflichtung vertraten**, produzirten Gebrauchswerthe für sich und für die zu deren Empfange **Berechtigten**.

So lange es keinen Austausch und folglich keine Tauschwerthe giebt, giebt es auch keine **Waare**. Die Waare entsteht erst dort und überall da, wo der freie, — nicht durch Rechte und Verpflichtungen bestimmte — Tauschverkehr beginnt. So lange es keine Waare gab, war auch noch kein Reichthum vorhanden. Es gab zwar einen Ueberfluss an stofflichen Dingen, an Gebrauchswerthen, aber noch keinen Reichthum im heutigen Sinne — keinen wealth —, weil dieser Begriff gesellschaftlicher Natur ist und das Vorhandensein von **Tauschwerthen** zur Voraussetzung hat. Tauschwerth ist ein **gesellschaftlich gewordener Gebrauchswerth**.[1]) So lange also das Ziel der Wirthschaft noch nicht die Production von Tauschwerthen war, war auch noch kein Reichthum möglich.[2]) Als die

---

werth — bewegt sei das Verlangen nach Geld (II. book Cap. II. u. III.) Ein Rest dieser Anschauung, dass nur der „Ueberfluss" zum Austausche kommt, findet sich auch noch bei Condillac, Le commerce et le gouvernement: „Ce ne sont pas les choses nécessaires à notre consommation, que nous sommes censés mettre en vente: c'est notre surabondant, comme je l'ai remarqué plusieurs fois" (Coll. des princ. économistes. C. XIV. S. 267.) Ueber die ökonomischen Anschauungen der Merkantilisten und die Entstehung des Tauschwerthes cf. Marx: Zur Kritik der politischen Oekonomie. S. 27 u. ff.

¹) Wagner, Allgem. od. theoretische Volkswirthschaftslehre (II. Ausgabe) „socialer Gebrauchswerth." S. 54. „Je mehr die Eigengewinnung der Güter für den gewöhnlichen Bedarf der verkehrsmässigen Gewinnung weicht, desto mehr tritt der **sociale Gebrauchswerth** der Güter hervor."

²) John Locke, an essay concerning the True original, Extent and End of Civil government sagt, dass vor Einführung des Geldes kein Reichthum sich bilden konnte. Denn die **wirklich nützlichen Dinge**, sagt er (§. 46) sind meist sehr vergänglicher Natur und können daher nicht aufgehäuft werden. Edelmetalle und Diamanten aber könne man in beliebiger Menge aufhäufen. So entsand der Gebrauch des Geldes (§. 47) „some lasting thing that Men might **keep without spoiling** and that by mutual consent Men would take in exchange for the truly

Production von Waaren sich zu entwickeln begann, und damit der Begriff des Tauschwerthes entstand, so verkörperte sich der Begriff des Tauschwerthes in einer Materie, in Gold und Silber. Gold und Silber war und ist noch heute auf allen primitiven Wirthschaftsstufen eine blosse Waare, aber diejenige Waare, die überall Gültigkeit d. h. Tauschwerth hat. Dem einfachen Gedankengange einer frühen Epoche musste nun diejenige Waare, die vor allen anderen und überall Tauschwerth besass, als **Verkörperung des Tauschwerthes selbst** erscheinen. Gold und Silber repräsentirte sichtlich und handgreiflich den neu entstandenen Begriff des Tauschwerthes. Da nun der Tauschwerth durch seine Accumulation den Reichthum bildete, so wurde jener Zeit diese Tauschwerthsmaterie, dieses sichtbare glänzende Metall, zur Verkörperung des Reichthums.

Es ist oft von dem Einflusse der in Amerika entdeckten Edelmetallschätze auf diese Werthschätzung des Goldes und des Silbers als „Reichthum" gesprochen worden; aber auch hier wird erkannt werden müssen, dass der äussere Umstand, die Vermehrung der Edelmetallmenge, erst dann einen Einfluss auf das gesellschaftliche Leben üben konnte, nachdem die Umbildung der wirthschaftlichen Erscheinungen schon vorhergegangen war.[1]) Erst als die specifisch mittel-

---

useful, but perishable supports of life." Durch die Einführung des Geldes haben die **Menschen** sich einverstanden erklärt mit der **Ungleichheit des Eigenthums.** „This partage of things in a inaquality of private possessions men have made practicable — — without compact, **only by putting a value on gold and silver** and tacitly agreeing in the use of money (§. 50.) — „Two treatises on Government."

[1]) **Steuart** l. c. Book II. Ch. III. sagt „im Alterthum habe Geld nicht gefehlt, aber da das Bedürfniss nach Luxusartikeln („**superfluities**" im Gegensatze zu den Gegenständen des nothwendigen Lebensbedarfs) nicht im Verhältniss dazu stand, so wurde die Münze als **Schatz** aufgehäuft. Der moderne Geschmack an „superfluities" habe vielleicht mehr Münze in den Verkehr gezogen, aus diesen aufgehäuften Schätzen, als aus den Minen der Neuen Welt. Durch diesen Geschmack an **superfluities**, nicht durch die Menge der Münze sei der Handel entstanden. Dem noch in der Anschauung des alten Wirthschaftssystems zum Theil befangenen **Steuart** erscheinen alle Waaren, also alle Tauschwerth besitzenden Gegenstände, als superfluities im Gegensatze zu den Gegenständen die für den nothwendigen eigenen Gebrauch produzirt werden. — Die Entdeckung der Edelmetallschätze in der neuen Welt gab nur die physische Vorbedingung, bei welcher die merkantilistischen Anschauungen und Einrichtungen zur Entwickelung gelangen konnten, sie kann aber nicht als **Ursache** dieser Wirthschaftspolitik bezeichnet werden. Es verhält sich mit dem Einfluss der Edelmetallvermehrung auf die damaligen **wirthschaftlichen** Zustände, ebenso wie mit der Einwirkung der Erfindung der

alterliche Wirthschaft der Production von Gebrauchswerthen für sich selbst oder für den berechtigten Herrn der Production, überzugehen begann in eine Production für den unbekannten Andern, d. h. Production für den Verkauf auf dem freien Markte, als also die Production von Tauschwerthen Ziel der wirthschaftlichen Thätigkeit geworden war, erst da konnte jene Werthschätzung des Gold und Silbers als Tauschwerthmaterie — nicht mehr als blossen Repräsentanten von Pracht und Luxus — eintreten.

In demselben Maasse ferner, als das mittelalterliche Productionssystem sich zu lösen begann mit seinen persönlichen Verbänden, die Jedem seinen Unterhalt angewiesen hatten, in demselben Maasse musste die Frage der Auskommensbeschaffung, der materiellen Existenz für die gleichzeitig an Zahl zunehmenden Einwohner des Landes, an Bedeutung gewinnen. Diese dringende Lebensfrage der Beschaffung von Subsistenzmitteln schien nun eben ihre Lösung zu finden in der Production für den Verkauf, also in der Beschaffung des Tauschwerths, dessen Repräsentant das gemünzte Edelmetall war.

Dieser Uebergang von der rechtlichen Ordnung des Mittelalters, die im wirthschaftlichen Leben Jedem ein Recht auf Arbeit oder ein Recht auf Subsistenzmittel angewiesen, zu einem Zustand, in welchem die freie Operation des Kaufens aller und jeder Subsistenzmittel an die Stelle jener festen Ordnung trat, darf nie ausser Augen gelassen werden, wenn man die Gründe der Ueberschätzung des Tauschwerths und seines Repräsentanten, des Geldes seitens der Merkantilisten, richtig beurtheilen will. Das Mittel für das man im Tausche alles Andere erlangen konnte, das Geld, war plötzlich für zahlreiche Klassen der Gesellschaft zum Lebensbedürfniss geworden, für die es früher vielleicht selbst während eines langen Lebens eine unbekannte Fremdwaare bleiben konnte. — Jene Zeit kannte nur zwei Arten der Erlangung von Subsistenzmitteln: durch Berechtigung oder durch Kauf für baares hartes Geld. Es gab keinen Kauf auf Credit, keine Einrichtung, die diese Metallmaterie im Verkehr hätte ersetzen können. Geld, als Metall, war zum Leben nothwendig; wo dasselbe fehlte, fehlte es auch an Subsistenzmitteln, wo davon viel vorhanden war, da war Reichthum vorhanden. Es ist vollkommen unhistorisch, die

Dampfkraft auf unsere heutige Entwickelung. Ohne die Erfindung der Dampfkraft wären die heutigen socialen Zustände nicht denkbar; dennoch ist offenbar die Erfindung der Dampfkraft nicht die Ursache der heutigen socialen Entwickelung oder der socialen Frage, sondern diese beruht auf bestimmten historisch entstandenen, rechtlichen und ökonomischen Einrichtungen.

Auffassung jener Epoche mit dem Spottnamen „Midasansicht" zu bezeichnen; die denkenden Menschen jener Zeit vergassen durchaus nicht, das Geld nur zur Erlangung von Gebrauchswerthen zu verwenden sei, wie denn gerade bei sogenannten Merkantilisten die Ansicht zu treffen ist, Geld sei ein conventioneller Reichthum, ein durch allgemeine Uebereinkunft festgestelltes Werthzeichen.[1]) Diese Begriffsbestimmung schliesst eben in keiner Weise die Auffassung des Geldes als materielle Verkörperung des Reichthums aus.

Hatte diese Idee der Verkörperung des Reichthums im Gelde einmal Wurzel gefasst, so musste naturgemäss das Streben der ihrer Selbstständigkeit bewusst gewordenen Staaten darauf gerichtet sein, diesen Repräsentanten des Reichthums in möglichster Fülle für sich zu erwerben. Für die Europäischen Länder war nun beim Beginne der Neuzeit Gold nur auf dem Wege des ausländischen Handels zu erwerben, und zwar nicht nur in dem Sinne, in welchem auch heute noch Staaten ohne eigene Edelmetallminen den Geldstoff nur vom Auslande empfangen können, sondern namentlich in der Beziehung, dass der ausländische Handel damals der einzige Erwerbszweig war, in welchem die Production von Tauschwerthen bereits alleiniges Ziel der wirthschaftlichen Thätigkeit geworden war. Die inländische Production stak noch in dem mittelalterlichen Wirthschaftssysteme der Production von Gebrauchswerthen fest, und wo sie sich hiervon

---

[1]) Cfr. z. B. Forbonnais, „Principes économiques" Ch. I. „L'argent n'étant pas capable d'apporter par lui même de nouvelles valeurs dans la circulation — — n'est qu'une richesse conventionelle.

Sehr klar spricht sich Locke über diesen Punkt aus in „an essay concerning the true original, extent and end of civil government § 46: auf Gold und Silber habe Willkür und Uebereinkunft (fancy and agreement) einen Werth gesetzt; sie sind nicht Lebensmittel „and not of real use" und §. 50; Gold and Silver — — has its value only from the consent of Men. Dennoch erklärt gerade Locke (siehe oben) die Entstehung des Reichthums nur durch den Gebrauch von Gold und Silber für möglich. Dass Locke's Auffassung von der Volkswirthschaft als eine durchaus merkantilistische zu bezeichnen ist, hat Dühring, „Kritische Geschichte der Nationalökonomie" S. 67 bereits nachgewiesen.

Aus derselben Auffassung des Geldes als eines durch gesellschaftliche Uebereinkunft entstandenen Werthzeichens stammt auch die noch von Melon vertretene Ansicht über das Recht der Staatsregierung auf Münzfälschung oder, wie es damals hiess auf Erhöhung des Werthes der Münze („augmenter la monnaie"), siehe Melon, „Essai politique sur le commerce" Cap. XII., im 1. Bande der „Collection des principaux économistes"; Forbonnais Schrift im XIV. Bande derselben Sammlung.

loszulösen begann, war sie noch zu wenig entwickelt, um schon als Basis des Reichthumserwerbs zu dienen. Auf den auswärtigen Handel, als auf den einzigen Punkt, an welchem in jener Zeit die Waare als solche zur Erscheinung kam und als einzige Quelle, welche im Austausch für diese Waare Geld, d. h. Reichthum spendete, richtete sich daher alle Aufmerksamkeit und alles Streben der staatswirthschaftlichen Gedanken jener Zeit.[1]) Deshalb ist oben der auswärtige Handel als dasjenige Gebiet bezeichnet worden, in welchem beim Beginn der Neuzeit das Streben der zum Bewusstsein ihrer Individualität gelangenden Nationalstaaten nach Sicherung ihrer materiellen Existenz gleichzeitig mit dem ersten Erscheinen der modernen Wirthschaftsform, der Production von Tauschwerthen, zu Tage treten musste. Der auswärtige Handel besass beim Ausgange des Mittelalters ein natürliches Monopol auf Production von Tauschwerthen, wobei „natürlich" im Sinne von „durch die historische Entwickelung gegeben" verstanden ist.[2]) Ein rein äusseres Moment, das diese Lokalisirung der Production von Tauschwerthen auf den ausländischen Handel zwar bestärkte, aber nicht hervorrief, war der Umstand, dass ein inländischer Handel schon wegen des Mangels an Communikations-

---

[1]) Marx, Zur Kritik der politischen Oekonomie. S. 27. „Der Austausch-Prozess von Waaren erscheint ursprünglich nicht im Schosse der naturwüchsigen Gemeinwesen, sondern da, wo sie aufhören, an ihren Grenzen den wenigen Punkten wo sie in Contact mit anderen Gemeinwesen treten, und S. 130. Während die Nationen von Waarenbesitzern durch ihre die ganze Welt umspannende Industrie — Gold zu adäquatem Geld umschaffen, erscheinen ihnen Industrie und Verkehr nur als Mittel, um das Geld dem Weltmarkte zu entziehen: Weltindustrie und Welthandel sind in dem Jagen nach Gold entstanden."

[2]) Dass übrigens die Bestrebungen der Merkantilisten den auswärtigen Handel und die in denselben ausmündenden Industriezweige zu entwickeln, dieselben keineswegs verhinderten, der Bodenproduction, als der grundlegenden Bedingung des Wirthschaftslebens, die gebührende Beachtung zu schenken ergiebt sich u. a. aus den Aussprüchen Boteros, Obrechts, Hörnickhs, Klocks und besonders Galianis.

Die in manchen freihändlerischen Lehrbüchern anzutreffende Behauptung, die Landwirthschaft sei von den Merkantilisten vernachlässigt worden gehört daher in das Bereich der so lange üblich gewesenen auf Tendenz oder auf Unkenntniss beruhenden Verzerrung des Merkantilsystems. (Noch neuerdings: Birnbaum, Vorträge über Parteistandpunkte und Parteibestrebungen auf dem Gebiete der Wirthschaftspolitik 1880 S. 10 u. 12). Eine eingehende Widerlegung dieser und ähnlicher unberechtigter Vorwürfe gegen die Merkantilisten giebt die sehr beachtenswerthe weil von durchaus neuen Gesichtspunkten ausgehende Schrift Bidermann's: Ueber den Merkantilismus; Innsbruck 1870.

wegen im Inlande sich nicht entwickeln konnte, ebenso wie es ebenfalls ein blos äusseres Moment war, dass dieser die ganze moderne Wirthschaftsperiode einleitende internationale Handel zunächst dort, wo er allein technisch möglich war, an der Seegrenze der Länder zu Tage trat.

Wenn nun im Inlande eine grosse Klasse von Leuten entstand, die nach Auflösung der mittelalterlichen Ordnung Geld zum Leben nothwendig hatten; wenn andererseits diejenigen, die dieses Geld zuerst in reichlicherem Maasse erlangten, Diejenigen waren, die Waaren für den Verkauf an das Ausland produzirten, so musste es ein natürliches Streben des Staates sein, einen möglichst grossen Theil seiner Unterthanen zu einer Beschäftigung hinzulenken, die nach der Erfahrung auskömmlichen Unterhalt und den Erwerb von Reichthum gewährleistete. Nicht blos, dass durch diese Beschäftigung den zur Zeit lebenden Unterthanen des Staates Erwerb und Unterhalt gewährt wurde, sondern es musste dadurch möglich werden, für die hinzuwachsenden Generationen ein Auskommen zu sichern und damit die Bevölkerung des Staates zu vermehren. Dieses Streben nach Vermehrung der Zahl der menschlichen Kräfte eines Staates bildet vielleicht die am frühsten vorhandene richtige Einsicht in die Grundbedingungen des Gedeihens einer Volkswirthschaft. Die Vermehrung der Bevölkerung war das Streben aller Staatswirthe vom 16. bis zum Anfang des 19. Jahrhunderts; in ihr erblickte man die Ursache der Macht und Blüthe eines Staates. Und wahrlich! anstatt die Bestrebungen jener Staatsmänner an der Hand einer nachmaligen zum mindesten ebenso einseitigen Theorie Malthus'scher Provenienz zu verspotten, sollte man vielmehr eine aufrichtige Bewunderung dieser frühzeitigen Erkenntniss der grundlegenden Ursachen einer Staatsmacht zollen. Wenn man sich die undichten und von Hunger und Seuche unablässig decimirten[1]) Bevölkerungen der Staaten jener Zeit in Vorstellung bringt und erwägt, dass in unserer übervölkerten Zeit die Reichthumsunterschiede, etwa, zwischen den nördlichen Provinzen Russlands und Ländern wie Belgien und England, in letzter Reihe eben aus Unterschieden der Bevölkerungsdichtigkeit herzuleiten sind, so wird man staunen, dass jene frühe Epoche, die in keiner Weise noch solche schlagende Beispiele vor

---

[1]) Cfr. über die die Bevölkerungen im Mittelalter vernichtenden Kräfte (Hungersnoth, Seuchen und Aberglaube) z. B. Marpurgo, die Statistik und die Socialwissenschaften (deutsche Uebersetzung 1877) III. Buch, III. Cap.

Augen haben konnte, dennoch in dieser Werthschätzung der Vergesellschaftung des Menschen durch die Dichtigkeit der Bevölkerung so weit vorgeschritten war.

Da die höhere Gedankenentwickelung, die in der Bildung eines einheitlichen Staates gegenüber den ständischen Gebilden des Mittelalters enthalten war, zunächst nur von dem Landesherrn und seiner unmittelbaren Umgebung repräsentirt wurde, so musste die aus dieser Zusammenfassung und Leitung der socialen Kräfte hervorgehende neue Macht dem Träger dieser Idee des Nationalstaates, der Regierungsgewalt zufallen. Dieser Umstand, dass alle aus der Idee des einheitlichen Nationalstaates hervorgehenden Bestrebungen zunächst nur in der Person des Landesherrn verkörpert waren, hatte auf wirthschaftlichem Gebiete zur Folge, dass die Volkswirthschaft von Anbeginn ihrer Entstehung und ihrem Ziele nach Staatswirthschaft war.

Auf wirthschaftlichem Gebiete musste nun der entstehende Staatsabsolutismus, noch ehe er sich in politischer Beziehung voll entwickeln konnte, eine besonders schroffe Ausprägung erhalten, und zwar geschah dieses durch Uebernahme der Erbschaft des Mittelalters in Bezug auf wirthschaftliche Anschauungen und Einrichtungen. Da die wirthschaftlichen Verhältnisse der Gesellschaft und des Staates im Mittelalter von einem System von rechtlich geregelten Leistungen, Pflichten und Gerechtsamen beherrscht wurden, so lag es nahe, diesen Gedanken der rechtlichen Verpflichtung auch auf denjenigen Erwerb zu übertragen, der nicht mehr zur Leistung einer bestimmten Verpflichtung, sondern für den freien Tauschverkehr produzirte. Die wirthschaftliche Production erschien der aus dem Mittelalter überkommenen Anschauung nicht sowohl als ein auf individuellen Vortheil und Erwerb gerichtetes Geschäft, sondern als ein gesellschaftliches Amt bei dessen Ausübung sein Träger sich nach den Satzungen der Moral und den Gesetzen des Staates streng zu richten hatte.[1]) Aus dieser Auffassung des Gewerbes als einer übernommenen socialen Verpflichtung, entsprang dann die weitgehendste und detaillirteste Regulirung des Gewerbebetriebes; aus derselben Ursache ergab sich ferner, dass diese Leitung des Gewerbetriebes weit mehr auf die Güte und Qualität der Waaren und auf gerechte Vertheilung des

---

[1]) Cfr. über die Aufstellung des Princips der Pflicht in der Industriepolitik die sehr gründliche Arbeit Ochenkowski's. „Englands wirthschaftliche Entwickelung im Ausgange des Mittelalters, S. 101–104 u. ff.

aus dem Geschäfte entstehenden Gewinnes, als auf die Vergrösserung der Production Rücksicht nahm.

Diese, den Anschauungen des Mittelalters entnommene, aber durch Verwandlung der privatrechtlichen Verpflichtungen jener Zeit in eine öffentliche rechtliche Pflicht den modernen Zwecken angepasste Leitung des Gewerbebetriebes musste nun speziell auf dem Gebiete des auswärtigen Handels zwei wichtige Folgen nach sich ziehen. Einmal musste diese Besitzergreifung der Kräfte des Handels und des Gewerbes durch die Staatsmacht jener Anschauung, nach welcher die Vermehrung des Geldes als Verkörperung des Reichthums von jedem Staate mit allen Mitteln zu erstreben sei, zur bedeutenden Förderung gereichen. Man braucht hierbei nicht an die flache Uebertragung der privatwirthschaftlichen Auffassung des Geldes als Reichthum auf den Staat zu denken, sondern die wirthschaftlichen Bedürfnisse der Regierungsgewalt an Einkünften aus Zöllen und Abgaben mussten den Reichthumserwerb, der mit dem Gelde gegeben war, als wichtigstes Ziel der Wirthschaftspolitik des Staates erscheinen, und daher die Unterthanen des Staates zu solchem geldbeschaffendem Erwerb nach Kräften anleiten lassen. Ferner aber ergab sich aus der Anschauung, dass der Gewerbetrieb eine sociale Function sei, die nach staatlich-socialen Interessen und nicht nach privat-egoistischen Gesichtspunkten zu regeln sei, das praktische Ergebniss, das vor Allem diejenigen Gewerbszweige, die mit dem auswärtigen Handel in Beziehung standen und daher vornehmlich zum Erwerb oder zum Verlust des Reichthums, und damit zur Blüthe oder zum Verfall des Staates beizutragen schienen, einer strengen Controle und Regulirung durch die Staatsgewalt zu unterwerfen seien.[1])

Aus diesem in der Idee der nationalen Handelspolitik vereinigten dreifachen Streben nach Vermehrung der Geldmenge, nach Vermehrung der Erwerbsmöglichkeit und nach Vermehrung der Bevölkerung

---

[1]) Robert v. Mohl (Geschichte und Literatur der Staatswissenschaften III., S. 296) sagt über die innere Politik des Merkantilsystems und seine bevormundende Regelung des Gewerbes und des Handels: „Das System entsprach den sittlichen und gesellschaftlichen Zuständen der Klassen, auf welche es wirkte." — „Während es einerseits die unmittelbare fiskalische Absicht der Regierung erfüllte, bewegte es sich andererseits ganz in der Organisation der gewerbenden Stände und kräftigte diese Organisation sogar noch weiter. Zunft- und Innungsanschauungen waren die vorherrschenden unter den Bürgern, ein noch kräftiger Nachhall der politischen Gestaltung des Mittelalters. Freie Bewegung und Mitbewerbung war folglich so wenig ihre Richtung, dass sie vielmehr sich und ihr Gewerk nur in organisirter Beschränkung denken konnten."

musste nothwendiger Weise eine Rivalität zwischen den einzelnen nach demselben Ziele strebenden Staaten entstehen, ein Kampf um die Erlangung jener Materie, die als Verkörperung des Tauschwerthes und des Reichthums, die Erreichung der beiden anderen Ziele mit sich zu bringen schien. Da die Zusammenfassung aller wirthschaftlichen Kräfte des Volkes aus dem Streben nach Schaffung der die Machtmittel des individuellen Staates vermehrenden materiellen Bedingungen hervorgegangen war, so mussten diese positiven Maassregeln zur Leitung der Volkswirthschaft ihr negatives Corelat in der Bekämpfung aller derjenigen Bestrebungen finden, durch welche die anderen Staaten ihrerseits ihre Machtsphäre zu erweitern trachteten. In einer Zeit, in welcher die Instincte der Selbsterhaltung die höhere Form staatlich-nationalen Selbstbewusstseins annahmen, eben damit aber der primitive Kampf ums Dasein in die ungleich grössere Kräfte ins Spiel setzende Sphäre des **Krieges** der Staatsindividualitäten gegen einander erhoben wurde, da musste das Ringen um den Besitz jener Materie, die Reichthum und Macht und somit die Mittel zur Ueberwältigung aller anderen Staaten zu bieten schien, ebenfalls **dem Kriege ähnliche Formen annehmen.** Seit dem 17. Jahrhundert und unter der Herrschaftsperiode des Merkantilsystems nimmt die Handelsrivalität der Staaten daher häufig die akute Form des Handelskrieges an; aber selbst wenn eine solche Entladung der streitenden Gegensätze nicht stattfindet, so ist doch der Kampf um die Handelsvortheile der stete Begleiter und Vorgänger der fast ununterbrochenen Kriege jener Periode. Die Möglichkeit der Führung eines solchen Handelskampfes aber war mit der staatlichen Organisirung und Leitung des Gewerbetriebes für die Zwecke des internationalen Handels gegeben. Gestützt auf diese staatliche Organisation der gesammten wirthschaftlichen Kräfte des Volkes traten die Nationalstaaten in den Kampf um die Vortheile des internationalen Handels ein. Zölle, Prohibitionen der Ausfuhr oder Einfuhr bezeichnen nur einzelne Mittel und Waffen der gesammten nationalen Handelspolitik.[1])

---

[1]) Cfr. Adolf Wagner, Allgemeine oder theoretische Volkswirthschaftslehre (II. Ausgabe) S. 72. „Das Landesgrenzzollsystem und die damit in engster Verbindung stehende gesammte merkantilistische Volkswirthschafts- (nicht nur Handels-) Politik — erwiesen sich hiernach von grösster allgemein wirthschaftlicher und politischer Bedeutung." Daselbst Anm. 11, (S. 73): „Der Schutzzoll ist kein „System", sondern nur ein Glied eines wirthschaftlichen politischen „Systems"; nicht ein blos handelspolitisches „nationales" System, sondern ein das ganze Wirthschaftsleben umfassendes nationales wirthschaftlich-politisches System sei haltbar.

Aus dem Begriffe eines Kampfes entspringen mit innerer Nothwendigkeit zwei andere Begriffe. Erstens der Begriff des Siegens und Unterliegens, zweitens des zeitweiligen Endes dieses Kampfes: des Waffenstillstandes.

In dem Kampfe der Handelspolitik der Staaten gegeneinander wird der Sieg oder das Unterliegen erkannt und in seiner Grösse gemessen durch die Handelsbilanz. In dem Kampfe der Nationalstaaten für Erhaltung ihrer Selbstständigkeit gegenüber der Idee der Universalmonarchie wird vom 16. Jahrhundert an das zeitweilige Ende des Kampfes, der Waffenstillstand, bezeichnet als politische Balanz oder politisches Gleichgewicht. Insofern nun die aus dem internationalen Handel für den Staat zu erlangenden Vortheile auch auf seine politische Macht und Kraftentwickelung einen wesentlichen Einfluss haben und damit auch seine Machtstellung anderen Staaten gegenüber verändern mussten,[1]) diese Vortheile aber aus der Handelsbilanz des Staates erkannt wurden, treten die beiden Begriffe der Handelsbilanz und der politischen Balanz zu einander in wesentliche Beziehungen. Beide Begriffe scheinen fortan, wenn über die Sicherstellung der Selbstständigkeit des Staates und über die Entwickelung seiner Macht ein Urtheil gefällt werden soll, nothwendigerweise in Betracht gezogen werden zu müssen. Welche Beziehungen zwischen diesen beiden Begriffen von der politischen Theorie vom 16. bis zum Schluss des 18. Jahrhunderts aufgestellt wurden, werden wir im nächsten Capitel zu untersuchen haben. Zunächst haben wir es hier mit der Handelsbilanz zu thun.

Ehe wir zu der Untersuchung des Inhalts der Handelsbilanzidee bei ihrer geschichtlichen Entstehung und in ihrer ersten Fortentwicklung übergehen, werden wir im Interesse der Feststellung des Unterschiedes der wechselnden historischen Formen, in welchen eine Idee auftritt, von dem ihren ersten Trägern nur halb bewussten

---

[1]) Melon, der in seinem „essai politique sur le commerce" (1734) seine Theorien über den internationalen Handel durch die hypothetische Annahme dreier Inseln, von denen jede nur ein Product hervorbringt und mit den anderen beiden Inseln austauscht, zu illustriren sucht, sagt: „Wenn eine Insel grössere Fortschritte in Industrie und Handel macht als die anderen, so kann das nur daher rühren, dass sie mehr Einwohner hat oder weil sie gelernt, mit weniger Einwohnern mehr zu produciren. Der Ueberschuss an Menschen kann dann ebensowohl dazu dienen, die Lebensmittel zu vermehren, als auch dazu, Eroberer der anderen Inseln zu werden. Daher muss die Vermehrung der Einwohner Gegenstand der Staatsfürsorge („Gesetzgebung") sein. S. 709 (I. Band der Collect. des princip. économistes).

bleibendem Gehalte derselben, hier uns vergegenwärtigen müssen, dass der heute als unrichtig erkannte und überwundene Theil der alten Handelsbilanzidee lediglich in der in ihr zum Ausdruck gekommenen Ueberschätzung der Edelmetalle als Maassstab der Blüthe einer Volkswirthschaft besteht.[1]) Insofern wir aber von diesem Stoffe, auf welche die alte Handelsbilanzlehre sich bezog, absehen, und nur den in dieser Form verhüllten Gedanken ins Auge fassen, dass in den Handels- und Austauschbeziehungen der Völker unter einander ihre gegenseitigen wirthschaftlichen Machtverhältnisse zum Ausdruck kommen und zu Gewinnsten des einen Staates wie zu Verlusten des anderen bei diesem Handelsverkehre führen, behält die Idee der Handelsbilanz auch noch heute volle Gültigkeit und wir werden diesen wahren Kern der Idee trotz der kosmopolitisch-individualistischen Hypothese von dem steten gleichmässigen Gewinnste beider beim Austausch sich gegenüberstehender Theile aufrecht erhalten müssen. — Wir gehen

---

[1]) Dass übrigens die seitens der Merkantilisten dem stets erneuerten Hinzuströmen der Edelmetalle beigelegte Bedeutung, sowohl für die Macht des Staates wie für die Belebung des Verkehrs, durchaus nicht auf blossem Irrthum beruhte, wie die Smith'sche Nationalökonomie unter einseitiger Hervorhebung der Waarennatur des Geldes es darzustellen liebte, ist neuerdings immer mehr anerkannt worden. Hoffmann sagt über das Merkantilsystem: „Zur Entwicklung einer über die Grenzen des eigenen Staates hinaus Achtung gebietenden Macht, wie wailand Ludwig XIV sie zu schaffen versuchte, bedarf es vor Allem baaren Metallgeldes, welches, versendbarer als Heere und Flotten, in weiter Ferne Verbindungen erkauft, Erwünschtes fördern und Missfälliges vereiteln kann. Einen solchen Ueberfluss an baarem Gelde durch die Gewerbsamkeit der Völker zu gewinnen, um die Regierung damit auszustatten, war eine der wichtigsten Aufgaben für die Staatswirthe jener Zeit." — Daher „erscheint das Bestreben der Staatsgewalt, der Nation einen reichlichen Vorrath an baarem Gelde zu schaffen, wahrhaft wohlthätig; nur die Mittel, wodurch das Merkantilsystem diesen Zweck erreichen will, unterliegen erheblichem Bedenken". (Betrachtungen über das Andringen auf erhöhten Schutz der Gewerbsamkeit, Berlin 1846.) — Cf. ferner Roschers Ausspruch: „Zu läugnen ist nicht, dass die meisten neueren Nationalökonomen die Eigenthümlichkeiten, welche das Geld von anderen Waaren unterscheiden, nicht genug im Auge behalten haben, wie dies namentlich in der seit Hume und Adam Smith vorherrschenden Lehre von der Handelsbilanz klar wird". — „Im Weltverkehr (im Gegensatz zu einem isolirten Lande) muss die grössere Menge und Wohlfeilheit der edlen Metalle d. h. also der currentesten, wirthschaftlich energischsten Waare, einem Lande wirklichen Vortheil bringen: auch abgesehen davon, dass sie unter Umständen das Symptom einer vorzüglich hoch cultivirten Volkswirthschaft bildet." — Manche Lehren des s. g. Merkantilsystems haben diese Wahrheit nur schief ausgedrückt und übertrieben, sind aber durchaus nicht so ganz irrig, wie die Anhänger von Hume und Adam Smith glauben" (Grundlagen 8. Auflage

nach der nothwendigen Vorausschickung dieser Bemerkung zur Untersuchung der geschichtlichen Entwickelung der Handelsbilanzidee über.

Aus der Handelsbilanz wurde die Zunahme oder Abnahme der Blüthe und des Reichthums des Staates beurtheilt. Die Handelsbilanz wurde in dem Falle für das Gedeihen des Staates als günstig betrachtet, wenn sich aus ihr eine in das Land aus dem Auslande gelangte Sendung von baarem Gelde zu ergeben schien, und zwar eine Sendung, die das etwa aus dem Inlande ins Ausland gelangte Geld der Werthsumme nach übertraf. Das ist die Idee der Handelsbilanz in ihrer primitivsten Form.[1]) Diese Idee beruht auf einer Auffassung, die sogar älter als das Mittelalter ist, und während desselben bald mehr, bald minder stark fortexistirte. Es war dieses die Meinung, dass jede Ausfuhr des Gold und Silbers schädlich und somit zu verhindern sei.[2]) Man könnte leicht verleitet werden, aus

S. 230 u. 258). — Die Bedeutung des Edelmetallgeldes als Mittel der Werthaufbewahrung für den Fall einer plötzlich eintretenden Katastrophe und der Stockung des gewöhnlichen Verkehrs, bei Kriegen, Revolutionen etc. hebt Nasse, Tübinger Zeitschrift XXI (1865) S. 128 hervor.

Ebenso sagt Bidermann in der oben citirten Abhandlung „Ueber den Merkantilismus" S. 55 Anm. 86: „Der Wunsch der Merkantilisten: Die Handelsbilanz des einzelnen Landes möge eine (in ihrem Sinne) aktive sein, erklärt sich schon aus der in neuerer Zeit klar erkannten Strömung der edlen Metalle aus dem Westen gegen Osten, welche jedes Land zu beschädigen droht, das nicht für fortwährenden Ersatz des Baargold-Abflusses zu sorgen, d. h. einen entsprechenden Theil jenes Stromes permanent durch sein Gebiet zu leiten weiss. Dazu kommen andere Abgänge an baarem Gelde, welche stetigen neuen Zufluss bedingen, wenn auch nur das alte Niveau erhalten bleiben soll". — Die für den Verkehr und die Capitalbildung belebende Wirkung jedes Goldzuflusses ist von allen Nationalökonomen, die nicht Anhänger der mechanischen Quantitätstheorie Ricardes sind, anerkannt worden, so namentlich von Tooke und Newmarch in der „Geschichte der Preise" (Deutsch 1862); ferner von Knies (Tüb. Zeitschr. XIV S. 465 Ueber die Geldentwerthung) und Held „Careys Socialwissenschaft und das Merkantilsystem" S. 179 u. 210.

[1]) Der Bericht des Dogen Moncenigo an den Senat über den Handel Venedigs im Jahre 1421 giebt eine Art Zusammenstellung der Geldbilanz der Republik, indem er sich auf die Aussagen der Venetianer Banquiers beruft über die Grösse der Goldsummen, welche jährlich vom Auslande an Venedig ausgezahlt worden. s. Blanqui, Histoire de l'économie politique, Ch. XX. Bei Scherer, Geschichte des Welthandels z. Th. wiedergegeben I, S. 326.

[2]) Schon Cicero spricht sich bekanntlich für die Nothwendigkeit der Geldausfuhrverbote aus; Orat. pro. Flacco sect. 28. Nach M'Culloch, introductory discourse to Smith' „inquiry etc." sollen schon zu Wilhelm des Eroberers Zeit in England Geldausfuhrverbote erlassen worden sein. Die einzelnen Gesetze sind aufgezählt bei Ochenkowski, „Englands wirthschaftliche Entwickelung im Ausgange des Mittelalters." Seite 204. Geldausfuhrverbote in anderen Ländern, s. bei Kautz, Geschichtliche Entwickelung der Nationalökonomie I. B. S. 258. cf. auch Knies „Politische Oekonomie" (1853) S. 172 Anm.

dem constatirten Vorhandensein der Anschauung über die Schädlichkeit der Geldausfuhr den Schluss zu ziehen, dass das Streben nach dem im Gelde verkörperten Reichthum bereits lange vor dem Beginn der Neuzeit bestanden, und dass somit im Alterthum und im Mittelalter bereits merkantilistische Ansichten herrschend gewesen seien. Dieser Schluss erweist sich aber sofort als irrig, sobald man nicht blos diesen einen Punkt, sondern die gesammten im Alterthum und im Mittelalter bestehenden wirthschaftlichen Zustände ins Auge fasst.

Zwar wird man in der That zugeben müssen, dass in dieser Besorgniss die Geldausfuhr zu verhindern, embryoartig der Keim einer wirthschaftlichen Anschauung lag, die Geld als Verkörperung eines erstrebenswerthen Reichthums betrachtete. Die Seltenheit des Gold und Silbers, die Verwendung dieser Stoffe zu Pracht- und Luxusgegenständen und die hieraus entstehende Verknüpfung der Idee von Vornehmheit und Macht mit dem Besitze jener Edelmetalle, schliesslich die merkwürdige Mystik, die das Menschengeschlecht stets mit der gleissenden Materie des Gold und Silbers getrieben hat, musste in einer sehr frühen Epoche diese Stoffe als vor allen anderen materiellen Gegenständen ausgezeichnet und schätzenswerth erscheinen lassen. Dieser roh empirischen Werthschätzung der Edelmetalle fehlte aber, um sie zu einer bewussten volkswirthschaftlichen Anschauung zu machen, das Streben nach dem in fixirbaren Tauschwerthen, nicht in blos zum Gebrauch bestimmten Dingen, bestehenden Reichthum.

Wir haben oben nachzuweisen versucht, dass dem ganzen Wirthschaftssysteme des Mittelalters und seiner Productionsweise ein solches Streben nach Vermehrung des Reichthums ferne lag. Es fehlte aber ferner, um aus jener rein stofflichen Verehrung der Goldmaterie auf das Vorhandensein merkantilistischer Ideen und Bestrebungen schliessen zu können, dem Mittelalter gänzlich die Auffassung der Volkswirthschaft als eines Ganzen, das als Ganzes nach gewissen Motiven und Zielen geleitet werden und gewisse Kraftäusserungen entfalten könne. Diese Auffassung der Volkswirthschaft als eines Ganzen entsteht erst mit der Individualisirung der Staaten; indem der Staat zum Bewusstsein seiner selbst gelangt, bringt er sich auch die Existenz der materiellen Grundlage seines Lebens, eben der Volkswirthschaft, zum Bewusstsein. Daher konnten bewusste merkantilistische Bestrebungen erst mit der Bildung und Entwickelung selbstständiger und selbstbewusster Staaten entstehen, und da solche zur Entwickelung ihrer Individualität gelangte Staaten in Europa Nationalstaaten waren, so tragen auch alle merkantilistischen Bestrebungen einen **nationalen Charakter**. Die ersten merkantilistischen Bestrebungen nahmen nun diese uralte, mehr gefühlsmässige als begriffliche Verehrung des Geldstoffes in sich auf und verarbeiteten die aus diesen unklaren Vorstellungen entstehenden Gedanken zu entwickelteren Begriffen. So ist denn auch die Vorstellung von einer Handelsbilanz bei ihrer Entstehung durchaus von dieser rein stofflichen Werthschätzung des Gold und Silbers beherrscht. Es wird unsere Aufgabe dann sein zu zeigen, wie die Idee der Handelsbilanz in ihrer Entwickelung immer mehr diese aus einer früheren Zeit überkommene Verehrung der Geldmaterie abstreifte, und wie in demselben Grade, als diese Befreiung der stofflichen Vorstellung stattfand, die Lehre von der Handelsbilanz zur Erfassung richtiger theoretischer Erkenntnisse fortschritt.[1]) Wir werden schon jetzt die Ergebnisse der späteren Untersuchung vorweg nehmen müssen, um den Satz aufzustellen, dass diese primitive Werthschätzung des Gold und Silbers so wenig einen wesentlichen Bestandtheil der Idee der Handelsbilanz bildet, dass vielmehr, je weiter sich die Handelsbilanztheorie von dieser begrifflichen Verkörperung des Reichthums im Gelde entfernte, sie an geschichtlicher Bedeutung und Lebensfähigkeit gewann. Ja auch schon bei der Entstehung der Lehre von der Handelsbilanz trat sie, wie wir sehen werden, zu den blos auf Vermehrung des Geldstoffes gerichteten Bestrebungen insofern in Gegensatz, als sie diesen Bestrebungen andere Motive zu Grunde legte, und durch diese neuen Motive das Erkenntnissvermögen von der Betrachtung der blossen Form zur Erkenntniss des Wesens der wirthschaftlichen Beziehungen und Verhältnisse hinleitete; wie ja denn auch äusserlich betrachtet der Entstehung der Lehre von der Handelsbilanz das Verdienst gebührt, die Aufhebung der mittelalterlichen

---

[1]) So sagt Held: „Careys Socialwissenschaft und das Merkantilsystem" S. 6, dass die Lehre von der Handelsbilanz im Merkantilsystem „in der späteren Entwickelung des Systems nur mehr die alte, gleiche Form für veränderte Grundgedanken war." Belege für diese theoretische Fortentwickelung der Handelsbilanzlehre giebt dann Held bei Besprechung der Ansichten Galianis, Sonnenfels und Forbonnais, Seite 42, 61 und 70: „Man kann diese (Forbonnais) Auffassung der Handelsbalanz als Form für den Gedanken betrachten, dass der Reichthum der Nation in der Menge der (durch wirksame Nachfrage) hervorgerufenen Arbeit begründet sei."

Beschränkungen des Geldverkehrs, so namentlich der Geldausfuhrverbote veranlasst zu haben.[1])

Dennoch muss im Auge behalten werden, dass auch im Zeitalter der beginnenden merkantilistischen Handelspolitik diese Vorstellung von Gold und Silber als eines den Reichthum verkörpernden Stoffes noch herrschend war und die Maassregeln der Staaten leitete; ja es muss behauptet werden, dass insbesondere die spanische Handelspolitik sich von dieser Vorstellung eigentlich bis auf Philipp V. nie frei machte und einzig und allein die Gold- und Silbervermehrung als Endziel der Staatswirthschaft betrachtete.[2])

Das Bestreben zur möglichst genauen Feststellung der Frage zu gelangen, ob eine grössere Menge an Edelmetall aus dem Auslande ins Land gekommen sei, als aus diesem dorthin in demselben Zeitraume hinausgesandt worden, musste bald zum Versuche führen, diese Ausgänge und Eingänge des Geldes ziffermässig zu berechnen. Es wurde zu diesem Zwecke Anfangs versucht, die im Lande befindliche Geldmenge in ihrer Veränderung von einem Zeitpunkt bis zum anderen zu schätzen; Spanien berechnete genau die Werthsummen des ihm von seinen Gallionen aus Amerika zugeführten Gold und Silbers; ferner versuchte man die etwa als Lösegelder für vornehme Gefangene ins Ausland gesandten oder von dort empfangenen Geldsummen, so-

---

[1]) Das blos negative System der Geldausfuhrverbote durch das positive System der Handelsbilanz verdrängt zu haben, ist das Verdienst Thomas Muns, des Begründers der englischen Handelsbilanztheorie. Seine Schriften erschienen 1609, 1621 und posth. 1664 (s. Cap. IV. dieser Schrift).

[2]) Ulloa „retablissement des manufactures et du commerce d'Espagne" (1740; franz. 1753) sagt: Quand nous nous vîmes maîtres du nouveau monde et de ses mines, nous crûmes avec confiance que ce vain titre nous assuroit à jamais la jouissance de ces trésors — Abusés par cette flatteuse chimère — nous abondonnames le soin de nos manufactures; l'étranger profita d'une négligence si favorable pour élever les siennes et nous enleva bientôt par ce moyen — tout ce que les Indes nous avaient produit d'or et d'argent pendant plusieurs années. S. 3, 4. S. 69 klagt Ulloa dann, dass obgleich jährlich 10 Millionen Silberpiaster nach Spanien aus Amerika kommen, doch schon einen Monat nach Ankunft der Silberflotte nicht ein Piaster von diesen Schätzen mehr in Spanien geblieben sei, da alles von den Ausländern, die Waaren nach Spanien gebracht hätten, wieder ausgeführt worden sei, so dass es stets unmöglich sei in Spanien eine grössere Goldmünze gegen Silber-Piaster zu wechseln. — Im Jahre 1593 machen die Cortes von Valladolid Philipp II. Vorstellung, die Einfuhr von ausländischen Waaren nicht zu gestatten, die nach Spanien kommen, um ausgetauscht zu werden gegen Gold und Silber, „als ob die Spanier Indianer wären". S. Marx, Zur Kritik etc. S. 108.

wie desgleichen Geldtribute, Subsidien, für Reisen im Ausland verausgabten und zum Unterhalt einheimischer im Auslande stehender Truppen dorthin versandten Geldsummen zu berechnen.[1]) Diese verschiedenen Posten, die bei der Bilanz der Geldausfuhr- und Einfuhr in Rechnung gestellt wurden, mussten indessen an relativer Bedeutung verlieren, sobald die vom Handel und Verkehr in Bewegung gesetzten Gütermassen, stärkere Proportionen annahmen und damit die Ausfuhr von inländischen und die Einfuhr von ausländischen Waaren als hauptsächlichste Ursache hervortrat, die eine Veränderung des Baarvorrathes eines Landes bewirken konnte. Von hier an begann man zur Feststellung der Bilanz vorzugsweise und fast ausschliesslich die Waarenausfuhr und die Waareneinfuhr in Betracht zu ziehen, um aus dem Verhältniss der Werthsummen dieser Posten auf das Vorhandensein eines Ueberschusses zu schliessen, der in baarem Gelde entweder aus dem Auslande zu empfangen, oder dorthin zu senden sei. Je stärker die Ausdehnung stieg, die der auswärtige Handel nahm, desto mehr musste bei Berechnung der Bilanz die Bedeutung der Posten der Waarenaus- und Einfuhr das Gewicht der übrigen Posten der Geldaus- und Einfuhr zurücktreten lassen. Durch dieses Ueberwiegen des Factors der Waarenbewegung in der Rechnung erlitt die ursprüngliche Vorstellung der Bilanz eine Verengung und wurde oft irrthümlich als ausschliessliche Bilanz des Waarenhandels bezeichnet. Aus dieser Verengung des Begriffs nach dem Principe a majore nomen wurde die Gesammtbilanz, die Anfangs gleichmässig alle Zahlungen des internationalen Geldverkehrs umfasst hatte, zur Handelsbilanz.

---

[1]) Unter die von den Merkantilisten häufig angeklagten Ursachen, die eine Geldausfuhr veranlassten, gehörten namentlich die grossen nach Rom fliessenden kirchlichen Gebühren. Ustaritz (1740) „Théorie et Pratique du commerce et de la Marine" Cap. III beklagt sich heftig darüber, dass eine der Ursachen, welche die Seltenheit des Geldes veranlassen, die nach Millionen zu berechnenden Summen seien, welche jährlich nach Rom versendet werden, obgleich diese Datarie-Gebühren gänzlich missbräuchlich von der Curie erhoben würden. Andererseits bestand ein Theil des in der spanischen Handelsbilanz in Rechnung gestellten Exports nach den amerikanischen Besitzungen des Reiches aus Bullen (sog. bulle de la Croisade), welche den Käufern derselben das Privilegium verliehen, zur Fastenzeit Eier und Milch zu essen. Die Spanischen Könige hatten vom Papst das Recht erhalten, diese Bullen zu ertheilen, und liessen sich von ihren amerikanischen Unterthanen dafür 1 Piaster pro Stück bezahlen „plusieurs même la payent plus cher suivant leur dévotion" meint Ulloa, rétablissem. des manufact. en Espagne 1740. S. 127. II. Theil.

In dieser Verengung des Begriffs der Bilanz zur Handelsbilanz war indessen die Wurzel der Fortentwicklung dieser Idee zur richtigen Erkenntniss der volkswirthschaftlichen Lebensbedingungen gegeben. Das wirthschaftliche Denken war damit von der blossen Betrachtung der Bewegung der stofflichen Geldmenge ab- und auf diejenigen Ursachen hingelenkt, die diese Bewegung veranlassten. Sobald der Waarenverkehr als wesentlichste Ursache erkannt wurde, die die Bewegung der Geldmenge und damit die Veränderung des Reichthums der Volkswirthschaft bewirkte, war das wirthschaftliche Denken auf die grosse Entdeckung hingewiesen, dass die Production also die menschliche Arbeit Ursache und Motor des Reichthums und Wohlstandes sei. Noch hielt sich zwar die volkswirthschaftliche Erkenntniss an der äusseren Form der Waare und dem von ihr im Handel geäusserten Werthe, wusste aber noch nicht die innere Ursache dieses Werthes, eben die menschliche Arbeit, zu erkennen. Aber es lag gegenüber der kindlichen Verehrung der Kostbarkeit des glänzenden Edelmetalles schon ein unermesslicher Fortschritt in der Erkenntniss, dass die Waare, dieser von der willkürlichen Production der Menschen geschaffene Gegenstand, Werth repräsentire und damit Reichthum zu beschaffen im Stande sei. Der Fortschritt bei der Auffassung der Handelsbilanz lag darin, dass diese nicht mehr als eine für sich bestehende Erscheinung, sondern als Ausdruck und Wirkung eines Zustandes der inländischen Productionsverhältnisse erkannt wurde.[1]) Von demselben Momente, wo diese Erkenntniss gefasst wurde, nimmt die rationelle Volkswirthschaft ihren Anfang.[2])

Wir haben schon oben darauf hingewiesen, wie vom 16. Jahrhundert an das Streben der Handelspolitik, die Menge des Gold und

---

[1]) So sagt der Autor der von Ulloa (l. c.) citirten Mémoires sur le commerce des Hollandois (Amsterdam 1718) „il est vrai de dire que, quoique les Espagnoles soient les maîtres du pays où croissent l'or et l'argent en abondance, ils en ont beaucoup moins que les autres nations qui trafiquent avec eux, ce qui fait bien voir que ce sont moins les mines d'or qui enrichissent un état, que le commerce."

[2]) Diese wohlthätige und fördernde Wirksamkeit der in dem Streben nach einer günstigen Handelsbilanz zum Ausdruck kommenden Rivalität und Eifersucht der Nationen gegeneinander hat schon Forbonnais erkannt, der im § 3 des V. Cap. seiner Principes économiques 1767 sagt: „Cette ambition parvient donc a troubler la paix parmi les hommes; mais aux moins par une espèce de compensation elle les excite à seconder puissamment les vues de la nature, c'est à dire à entretenir chez eux la plus grande production et la plus grande population possibles."

Silbers zu vermehren, im engsten Zusammenhange mit dem Streben nach Vermehrung der Erwerbsmöglichkeit und nach Vergrösserung der Bevölkerung stand. Diese beiden letzten Ziele treten mit der wachsenden Bedeutung des Waarenverkehrs bei Berechnung der Bilanz immer mehr in den Vordergrund. Ursprünglich blosses Mittel zur Vermehrung des Geldes, wird die Vermehrung des Erwerbes und der Bevölkerung bald zum einzigen Zwecke der volkswirthschaftlichen Politik. Da die Vermehrung der Bevölkerung mit der Vermehrung der Erwerbsmöglichkeit identisch ist, so darf man von zwei Elementen reden, aus denen die Theorie der Handelsbilanz zusammengesetzt ist: das eine Element ist die Sicherung und Förderung des Erwerbes im Inlande oder der Schutz der nationalen Arbeit, das andere Element ist das Streben nach Vermehrung der Geldquantität. Es wird nunmehr unsere Aufgabe sein nachzuweisen, wie im Verlaufe der Entwicklung der Handelsbilanztheorie das erste Element immer mehr das Uebergewicht über das zweite Element erhält, bis es schliesslich in offenen Gegensatz zu demselben tritt,[1]) und seine Bedeutung gänzlich überwindet.

Anmerkung.

In den Jahrhunderten, in welchen der Handelsbilanz die grösste politischökonomische Bedeutung beigemessen wurde, konnte man indessen mit diesem Worte durchaus nicht einen so präcisen ziffermässigen Begriff verbinden, wie man es in unseren Tagen zu thun gewohnt ist. Ein solcher präciser Begriff war einfach deshalb nicht möglich, weil damals gar nicht oder doch lange nicht in dem Maasse wie in unseren Tagen genaue statistische Berechnungen der Werthe der Ausfuhr und Einfuhr dem Publikum bekannt waren. Die allgemeine Einführung der Zoll- und Handelstabellen beginnt erst mit der Verwaltung Colbert's in Frankreich und mit der Nachahmung dieses politischen Wirthschaftssystems in den anderen Staaten Europas. (Schubert. Handbuch der allgemeinen Staatskunde von Europa. Königsberg 1835. I. Band. I. Theil, Seite 44; Fallati. Einleitung in die Wissenschaft der Statistik. Tübingen 1843. Seite 157.) — Im Englischen Parlamente wurden Zahlenlisten über den auswärtigen Handel seit 1663, seit 1697 Tabellen über den Handel mit jedem einzelnen Staate Europas vorgelegt (Schubert l. c. I., 2. Theil, Seite 472--474). Auch hat in der englischen Sprache das Wort „balance" am frühesten einen präcisen ziffermässigen Begriff, und zwar in der Bedeutung von „Ueberschuss", „Saldo" angenommen. So sagt Gee ('Trade and navigation of Great

---

[1]) So sucht namentlich Steuart (l. c.) nachzuweisen, dass es eine höchste Entwicklung der Volkswirthschaft eines Staates geben müsse, in welcher in Folge der Ausbildung aller inländischen Arbeitskräfte und des hohen Preisstandes der Waaren aller auswärtiger Handel aufhören und die Volkswirthschaft sich in sich selbst Befriedigung aller Bedürfnisse schaffen werde.

Britain, I. Ausgabe 1730, hier VI. Ausgabe 1755) II. Ch. S. 5: „though we may allow a considerable balance to be brought to us, yet it is not so great as some imagine". Der Schotte John Law spricht von: envoyer en dehors la balance en espèces (Seite 472) und von „une balance due à la Hollande" (Seite 481; „Considérations sur le numéraire et le commerce; I. Band der Collect. des princ. économistes). Diese Bedeutung von „Ueberschuss, Saldo", die das Wort „balance" in der englischen Sprache auch gegenwärtig hat, verlieh der Theorie der „balance of trade" in England weit mehr ziffermässige Bestimmtheit, als sie dieselbe lange auf dem Continent besass. — In den Continentalstaaten wurden die von den Regierungen angestellten statistischen Erhebungen über die Ausfuhr und Einfuhr meist gar nicht veröffentlicht, sondern der damaligen Politik gemäss geheim gehalten. So sagt noch der Minister Friedrich des Grossen, Hertzberg, in seinem 1786 in der Berliner Akademie gehaltenen Vortrage: „il ne convient pas et ne seroit pas même facile de determiner au juste le produit net de la balance du commerce Prussien", und sucht dann die Thatsache der günstigen Handelsbilanz für Preussen durch anderweitige Merkmale festzustellen. Friedrich der Grosse nennt allerdings den Betrag, um welchen die Handelsbilanz für Preussen günstig sei; seit 1763 habe Preussen eine jährliche günstige Bilanz von 4,400,000 Thalern; beim Tode des Königlichen Vaters Friedrichs des Grossen sei die Handelsbilanz für Preussen um 500,000 Thaler jährlich ungünstig gewesen. (Oeuvres t. IX, p. 184, exposé du Gouvernement Prussien.)

Gegen die etwa offiziell veröffentlichten oder anderweitig ermittelten Schätzungen der Ausfuhr- und Einfuhrwerthe existirte ein vermuthlich sehr berechtigtes Misstrauen; Sonnenfels (Grundsätze der Polizey, Handlung und Finanz. § 357) und Melon (l. c. Cap. XXII.) warnen dringend davor, auf die Mauthregister in Bezug auf die Handelsbilanz irgend welches Zutrauen zu setzen und wollen die Frage, ob die Bilanz für ein Land günstig sei, allein nach dem Stande der Wechselkurse, nach der Zunahme der Bevölkerung und des Erwerbs beurtheilen. Melon sagt S. 787 „Un auteur anglais, en parlant de la balance du commerce dit sagement, qu'il vaut mieux chercher les moyens de la rendre favorable que ceux de la connaître" (Josias Child thut diesen Ausspruch in „Discourse of trade" 1669; S. 343 der franz. Uebersetzung). — In Italien war nach Pecchio, Histoire de l'économie politique en Italie (französ. Uebersetzung 1830), Verri der erste, welcher die Aufstellung von Handelsbilanzen einführte und solche veröffentlichte, im Jahre 1765 (S. 410 und vorher in der Biographie Verri's).

II. Capitel.
Die Beziehungen der Theorie der Handelsbilanz zur Theorie des politischen Gleichgewichtes.

Die Theorie des politischen Gleichgewichtes spielt in der Politik des 17. und 18. Jahrhunderts und in der völkerrechtlichen Literatur jener Zeit eine grosse Rolle.[1] Die Herstellung und Wahrung des politischen Gleichgewichtes bildet ein anerkanntes Princip bei Friedensschlüssen und internationalen Verträgen. Fürsten und Staatsmänner beriefen sich auf das Princip des politischen Gleichgewichtes zur Rechtfertigung ihrer kriegerischen oder diplomatischen Actionen.[2] Hervorgegangen war diese Idee aus dem Streben der modernen Nationalstaaten nach Wahrung ihrer Selbstständigkeit gegenüber der aus dem Mittelalter überkommenen und in mehrfachen Bestrebungen fortlebenden Idee einer Universalmonarchie. Das Interesse an der Wahrung der staatlichen Selbstständigkeit führte zu der Aufstellung eines Systems, nach welchem kein Staat ein ungebührliches Uebergewicht über die anderen Staaten beanspruchen durfte und jeder Staat durch den anderen in seiner

---

[1] Die bändereiche Literatur, die diesen Gegenstand behandelte, ist angegeben bei Freih. v. Ompteda. Literatur des gesammten, sowohl natürlichen als positiven Völkerrechtes. Regensburg 1785. S. 485 und in der Fortsetzung des Ompteda'schen Werkes (III. Th.) von Carl Albert Kamptz. Berlin 1817. S. 97. Ompteda nennt 19 und Kamptz 26 Schriften, die diesen Gegenstand behandeln. Die Hauptstreitfrage war, ob die Störung des Gleichgewichtes Seitens eines Staates für die anderen Staaten einen Grund zur Kriegserklärung gebe; für diese Ansicht sprach sich u. a. aus: Johann Jacob Lehmann, prof. moralium in Jena: Trutina vulgo Bilanx Europae, Norma belli pacisque 1716.

[2] „Die Gazetten schreiben zu Dato noch immer von dem Aequilibrio Europae, wie solches die grössten Staatsleute, als ihre Cynosur beständig vor Augen haben," Vorrede des „Neueröffneten Staatsparlament", Sorau 1733, Anonym; siehe weiter unten.

Kraftentfaltung beschränkt erscheinen sollte. Die Aufrechterhaltung dieses Zustandes sollte durch das Princip des **politischen Gleichgewichtes** erreicht werden.

Die Idee des politischen Gleichgewichtes war somit aus derselben Quelle entstanden, aus der die nationale Handelspolitik hervorgegangen war: aus dem Selbstbewusstsein der staatlichen Individualität und dem Streben nach Wahrung der staatlichen Selbstständigkeit. Es könnte zwar scheinen, als seien die Ziele der nationalen Handelspolitik und des politischen Gleichgewichtes entgegengesetzte gewesen, indem die Handelspolitik ja gerade die Vermehrung und Stärkung der staatlichen Macht erstrebte, während das Princip des politischen Gleichgewichtes einen jeden Zuwachs der Macht eines Staates zu unterdrücken suchte. Aber es ergiebt sich, dass dieser scheinbare Gegensatz der beiden Systeme nur daher rührt, dass das eine vorzugsweise die **subjective**, das andere aber überwiegend die **objective** Seite desselben Princips repräsentirte. **Subjectiv** suchte ja jeder Staat die eigene Macht gerade unter dem Systeme des politischen Gleichgewichtes zu vergrössern, nur **objectiv** suchte er den status quo der jeweiligen Machtverhältnisse der anderen Staaten aufrecht zu erhalten, während umgekehrt in der Periode der merkantilistischen Handelspolitik jeder Staat objectiv zu verhindern suchte, dass die anderen Staaten Gewinnst und Machtzuwachs aus dem Handel zogen, subjectiv er aber für sich die Bewegung des internationalen Handels zur Vergrösserung seines Reichthums und seiner Macht zu lenken strebte.[1]

---

[1] Auf den Zusammenhang zwischen der Handelsrivalität und dem Streben nach politischer Machtausdehnung weist auch Dühring bei der Schilderung von Colbert's Wirthschaftspolitik hin: „Colbert war, wie man nicht blos aus dem Geist, sondern auch aus den Worten seiner Schriftstücke unzweifelhaft sieht, von dem Gedanken des Handelskampfes zwischen den Nationen völlig durchdrungen. Er hegte die Ueberzeugung, dass es sich in diesen Conflicten um Sein oder Nichtsein handle, und man wird diese bei ihm, wie überhaupt zu seiner Zeit sehr scharf zugespitzte Auffassungsart nur durch die Vergleichung derselben mit dem Kriege gehörig begreifen. In der That hatte man damals bei allen auf der Bühne agirenden Völkern nur die Niederwerfung des Handelsconcurrenten und eventuell auch die eigentliche Einverleibung seiner merkantilen Macht im Auge. Die völlige Ruinirung der Handelshauptstadt eines besiegten Staates durch gewaltsame Uebertragung ihrer bisherigen Thätigkeit auf das eigene Land — lag nicht ausserhalb der — in Betracht gezogenen Chancen." S. 41. Als charakteristisches Merkmal der merkantilistischen Anschauungsweise Locke's citirt Dühring dann S. 68 dessen Ausspruch: „In einem Lande ohne Bergwerke giebt es zum Reichthum nur zwei Wege: Eroberung oder Handel." (Kritische Geschichte der Nationalökonomie.)

Bei der grossen Bedeutung, die dieser Theorie des politischen Gleichgewichtes im Zeitalter der merkantilistisch-eifersüchtigen Handelspolitik beigemessen wurde, musste dann sehr bald der Gedanke entstehen, dass der internationale Handel eines Staates ein Factor sei, der bei der Beurtheilung der Macht dieses Staates und seiner Fähigkeit zur Kraftentfaltung sehr bedeutend in's Gewicht falle. Ferner, bei der gleich weit verbreiteten Geltung der Handelsbilanz, als Maassstab zur Beurtheilung der aus dem Handel erwachsenden Vortheile; musste der Gedanke nahe liegen, nach den Ergebnissen der Handelsbilanzen diesen eventuellen Machtzuwachs eines Staates zu bemessen. Diese Verknüpfung der Begriffe der politischen Balance mit der merkantilen Bilanz musste nun noch gefördert werden durch die mit diesen Begriffen gewohnheitsgemäss verbundene bildliche Vorstellung. Wie nämlich der Begriff der Handelsbilanz von der Vorstellung einer mit der Einfuhr in's Gleichgewicht zu setzenden Ausfuhr beherrscht war,[1]) so übertrug man auch eine aus der Mechanik entlehnte Vorstellung auf das Gebiet der Politik, und veranschaulichte die Idee des politischen Gleichgewichtes unter dem Bilde einer Waage, deren Schaalen einander das Gleichgewicht halten sollten. Daher finden wir in den über das politische Gleichgewicht handelnden Schriften die Bezeichnungen bilanx oder trutina Europae, welche das Aequilibrium der Staaten erhalte.

Dieser Anfangs wohl recht grob sinnlichen Vorstellungsart[2]) entsprang jedoch mit der Entwicklung des politischen Denkens ein geläuterterer Begriff, der die Vorstellung von dem Verhältniss der physischen Kräfte der Waagschale durch ein **logisches Verhältniss zu ersetzen** strebte. Das Verhältniss der beiden Waagschalen,

---

[1]) Marchese Belloni: Dissertazione sopra il commercio; deutsche Uebersetzung von Gottlieb Schumann 1752. I. § 4: „Weil hiernächst die Beschaffenheit des Commercii eines Staates mit auswärtigen also eingerichtet sein kann, dass eben so viel Waaren ein- als ausgeführt werden, so wird durch diese Gleichheit, so zu reden, ein gewisses **Gleichgewicht in der Handlung** errichtet, so dass, wenn sich eine Ungleichheit ereignet, man sogleich sehen kann, ob das Reich bei dieser Handlung Nutzen oder Schaden leidet.

[2]) Bei der Entstehung dieser Lehre vom Gleichgewicht am Schlusse des 16. und Anfang des 17. Jahrhunderts stellte man sich Europa als eine Wage vor, „von welcher die Häuser Oesterreich und Bourbon, die zwo Wagschalen ausmachen, an welche sich die Seemächte und andere europäische Staaten bald auf der einen, bald auf der anderen Seite anhängen, nachdem diese oder jene Wagschale das Uebergewicht erlangen will." — Justi, Chimaire des Gleichgewichtes von Europa. Seite 25. (1758)

die das physische Gleichgewicht zur Wirkung hat, wurde damit zu einem **Causalzusammenhang**, der zwei mit einander in Beziehung stehende Kräfte sich wechselseitig beeinflussen liess. Am deutlichsten ist dieser Uebergang einer ursprünglich bildlichen Vorstellung in einen logischen Begriff in der Englischen Sprache zu verfolgen. „Balance" bedeutet in der Englischen Sprache:[1]) 1. ein Instrument, um Körper zu wiegen; — 2. der Ueberschuss auf der einen Seite der Waage, oder dasjenige Gewicht, was durch Hinzufügung auf der anderen Seite das Gleichgewicht herstellt; 3. endlich auch das rechte Verhältniss, in welchem zwei Kräfte zu einander stehen müssen; z. B.: Autoritäten, Mächte, Gefühle und dergleichen.

Aus diesem Begriff des Causalzusammenhanges zweier Kräfte ergab sich dann die Vorstellung, dass, wenn von zwei mit einander in Beziehung stehenden Kräften die eine eine gewisse Grösse und Ausdehnung annimmt, damit auch die Grösse und Ausdehnung der anderen, von der ersten abhängigen Kraft bestimmt ist.

Diesem, der Vorstellung von dem Gleichgewicht zweier Kräfte entsprungenen Begriff des logischen Causalzusammenhanges derselben begegnen wir nun in der ersten staatswissenschaftlichen Schrift, in welcher die Idee der Balanz der Kräfte auf die Betrachtung politischer Verhältnisse angewendet wird. Dieses Werk ist „The Oceana" von James Harrington, im Jahre 1656 veröffentlicht.[2]) Harrington sucht in diesem Werke zu beweisen, dass der **wirthschaftliche Besitz und die politische Macht stets zu einander im Gleichgewicht stehen.** Der Grundgedanke der „Oceana" ist, dass von der Vertheilungsart des Besitzes die Form der Staatsverfassung abhänge.

---

[1]) Webster, Dictionary of the English Language, giebt ff. Definitionen des Wortes balance. — 1) balance or scales, an aparatus for weighing bodies. — 2) weight, ponderosity (diese Bedeutung sei veraltet). — 3) the excess on one side, or what added to the other makes equality; as the „balance of an account", „a balance at the bankers." — 4) the act of compounding or weighing, estimate „Upson a fair balance of the advantages on either side." — 5) an equipoise or juste proportion, as of authority, power, feelings and the like; a counterpoise anthithesis, as the balance of power. Webster giebt ff. Etymologie des Wortes: franz.: balance, Provençal: balans, balansa; Spanisch: balanza-Italien.: bilancia aus dem Lateinischen: bilanx, etwas, das zwei Schalen hat, von „bis", zweimal, und „lanx", Schale.

[2]) The Oceana, and other works of James Harrington, Esqu. collected, methodizd a. reviewd by John Toland; III. edition. London 1747 in 4to.

Dieses Verhältniss des Vermögensbesitzes zur Staatsverfassung nennt Harrington: Die Balanz.[1])

Wenn ein Einziger allen Grund und Boden in einem Staate besitze — or, over-balance the people, — das heisst etwa $^3/_4$ vom Lande besitze, so entstehe eine absolute Monarchie, wie in der Türkei. Wenn der Adel und die Geistlichkeit allen Grund und Boden oder den grössten Theil desselben besitze — or over-balance the people —, so ergebe sich daraus die „Gothische Balanz", das heisst die gemischte Monarchie, wie sie in Spanien, Polen und neuerdings (nach der Revolution) in England entstanden sei u. s. w. Eine mit dieser natürlichen Balanz in Widerspruch stehende Regierungsform könne nicht von Dauer sein (Pag. 39).

Obgleich nun Harrington diese Abhängigkeit der Staatsverfassung von der Vertheilung des Besitzes hauptsächlich nur bei dem Besitze von Grund und Boden gelten lassen will,[2]) so sagt er doch: „Never-

---

[1]) Seite 39: „Land or the parts and parcels of a territory are held by the proprietor or proprietors in some proportion; and such as is the proportion, or balance of Dominion or Property such is the nature of the Empire." cfr. Seite 244.

Harrington ist auf die Idee einer zwischen Besitz und Regierungsform bestehenden Balanz, wie er seinen Freunden erzählte, dadurch gekommen, dass er die zu seinen Lebzeiten in England vorgegangenen Staatsumwälzungen in Betracht zog und zum Schlusse gelangte, dass keine Regierungsform eine zufällige oder willkürliche Institution sei; es gäbe vielmehr in der Gesellschaft ebenso natürliche Ursachen, die nothwendige Folgen hervorriefen, wie auf der Erde und im Himmel. So seien die zu Harrington's Zeit vorgefallenen politischen Unruhen nicht lediglich durch Gewaltthätigkeit oder Parteisucht, noch auch lediglich durch die Missregierung der Fürsten entstanden, sondern vielmehr durch eine stattgehabte Veränderung der balance of property, die seit Heinrich VII der Wagschale der Commoners immer mehr das Uebergewicht über diejenige des Königs und der Lords gegeben habe. (The life of James Harrington erzählt von dem Verehrer Harrington's und Herausgeber seiner Werke, John Toland, in der oben genannten Gesammtausgabe pag. XVII.)

[2]) „Dominion personal or in money" könne nicht so gefahrbringend für den Bestand der Staatsverfassung sein, wie eine Uebermacht im Besitz von Grund und Boden; weil nur derjenige Besitz eine politische Herrschaft zur Folge haben wird, welcher sicher und für immer begründet ist, „which except in Land it (property) can not have, being otherwise as it where on the wing" (pag. 40).

Wie sehr Harrington noch in der Anschauung befangen war, dass der immobile Besitz einen höheren Werth beanspruche, als der mobile (Geld) Besitz, sieht man daraus, dass Harrington den Staat warnt, sein Einkommen auf Steuern zu gründen, denn mit den Erträgen von Steuern werde man nie eine Armee erhalten können!

theless, in such Cities as subsist mostly by Trade and have little or no land, as Holland and Genoa the balance of Treasure may be equal to that of land in the cases mentioned." (Pag. 40.)

Zur Anwendung seiner Theorie der Balanz auf internationale Verhältnisse kommt dann Harrington in dem Abschnitt: The balance of foren (foreign) empire. (Pag. 44.)

Von dieser Balanz heisst es: „It is the overbalance of a native territory to a foren; for as one country balances itself by the distribution of property according to the proportion of the same, so one Country overbalances another by advantage of divers kind." In dieser Weise habe Rom über seine Provinzen das Uebergewicht gehabt (overbalanced them). Bei dieser Balanz der verschiedenen Länder untereinander sei die geographische Lage eines Landes von schwerwiegender Bedeutung; so könne der König von Dänemark, obgleich er keineswegs einer der mächtigsten Fürsten ist, doch beim Sunde Zoll erheben, und sowie er durch seine vortheilhafte Landlage die See tributair mache, so mache die Republik Venedig durch ihre vortheilhafte Seelage und ihre Seemacht das Land ihrem Golde tributair. — Die Ehre, dieses Verhältniss der Balanz im politischen Leben entdeckt zu haben, wird nun Harrington von ihm selbst und von seinem Verehrer und Herausgeber seiner Werke, Toland, eifrigst vindicirt. Harrington ist auf diesen von ihm entdeckten Causalzusammenhang zwischen Besitz und politischer Macht nicht wenig stolz; er meint, Aristoteles und Macchiavelli hätten die Idee der Balanz zwar nie ausgesprochen, aber man müsse diese Idee zum vollen Verständniss der Werke Jener zu Hilfe nehmen. Harrington beklagt sich bitter über die polemischen Angriffe Hobbe's, der ihm, Harrington, auf solche schlechte Weise danke: „for finding out the Balance of Dominion — being as ancient in Nature as her self and yet as new in Art as my Writing." (S. 249.) So sagt ferner John Toland in der vom Jahre 1699 datirten Vorrede zur ersten Gesammtausgabe: „That empire follows the Ballance of property — he was the first that ever made out; and is a nobel disovery, whereof the Honor solely belongs to him." (Pag. XVIII.) Kaum aber habe Harrington diese von ihm entdeckte Lehre veröffentlicht, so hätten sich Menschen aller Art mit ihr beschäftigt und diese Entdeckung habe grosses Aufsehen gemacht. (Pag. XVIII.)

Diese hier von Harrington auf die Betrachtung politischer Verhältnisse zum ersten Male angewandte Vorstellung einer Balanz ist für die Untersuchung des Zusammenhangs zwischen der späteren

Lehre des politischen Gleichgewichts und der Lehre vom Gleichgewicht im Handel von um so grösserer Bedeutung, als wir hier, bei der Entstehung dieser Vorstellung, sofort die Beziehung und den Einfluss des materiellen Reichthums auf das politische Ansehen und die politische Macht hervorgehoben sehen.

Inwieweit diese Harrington'sche Theorie nun auf die in der wirklichen Politik herrschenden Begriffe übergegangen und auf die Gesichtspunkte der Fürsten und Staatsmänner von Einfluss gewesen ist, kann hier leider nicht nachgewiesen werden.

Die Idee der politischen Balanz zwischen den Staaten war jedenfalls zur Zeit, da Harrington sein Werk veröffentlichte, schon entstanden, wenn auch nur in jener grob-sinnlichen Vorstellungsart einer Balanz zwischen der französischen und der hispanisch-deutschen Macht. Harrington's Theorie könnte also höchtens nur auf die Verfeinerung und begriffliche Entwicklung jener ursprünglichen Vorstellungsart von Einfluss gewesen sein.

Nach Justi (l. c. S. 20) soll die Lehre des politischen Gleichgewichts allerdings in England entstanden sein, und von hier aus in die Politik der Europäischen Staaten Eingang gefunden haben. Aber der Nachweis einer etwaigen anfänglichen Einwirkung jener populär-bildlichen Vorstellung auf Harrington's begriffliche Entwicklung derselben, und der dann erfolgenden Rückwirkung der Theorie auf die Klärung und Ausbildung dieser praktischen Vorstellung ist, so interessant er wäre, schwer zu bringen.

Es darf als festgestellt betrachtet werden, dass der Zeitpunkt der Vereinigung des unermesslichen spanisch-deutschen Länderbesitzes unter dem Scepter Karls V. (1519—1556) der Zeitpunkt der Entstehung der Lehre von der politischen Balanz gewesen ist.[1])

Dem Kaiser Carl V. wurde das Streben nach der Universalmonarchie zugeschrieben; er sollte wie Justi in der unten genannten Schrift sagt, zweifellos „weitläufige Absichten haben." Hertzberg (s. unten) behauptet, dass damals die Könige von Frankreich und

---

[1]) cf. hierüber: De Trutina Europae, quae vulgo adpellatur: die Balance von Europa, Ludovici Martini Kahlii; Göttingen, 1744, pag. 14 u. ff: Die Chimaire des Gleichgewichts von Europa von Joh. Heinr. Gottlob von Justi, S. 20—25; cf. auch, von demselben Verfasser: „Die Chimaire des Gleichgewichts der Handlung und Schifffahrt; Altona 1759; am präcisesten nach allen Beziehungen hin erörtert und gerechtfertigt wird dieses System in dem vom Preussischen Minister von Hertzberg am 26. Januar 1786 in der Berliner Akademie gehaltenen und hernach gedruckten Vortrage (siehe weiter unten) S. 9—19.

England genöthigt gewesen seien, die Balance von Europa durch Alliancen unter einander und mit den deutschen Fürsten, den Italienischen Republiken, mit der neuen Republik Batavia (Holland) und mit Schweden aufrecht zu erhalten.[1])

So sagt auch Justi von der Zeit der Uebermacht der österreichisch-hispanischen Herrschaft unter Carl V. „Damals ist wohl die allererste Idee vom Gleichgewicht entstanden. Wenigstens liess sich Heinrich VIII. von England deutlich heraus, dass der vornehmste Grundsatz seiner Staatskunst darauf ankäme, zwischen den Kronen von Frankreich und Spanien das Gleichgewicht zu erhalten, und sich mithin auf die Seite zu neigen, welche die schwächste sei."[2]) Hier sehen wir also die von jeder Abstraction entfernte durchaus practische Form, in welcher die Vorstellung von einer Balance aufgefasst wurde. Die Uebermacht der hispanisch-österreichischen Macht sollte durch die französische Macht in Schach gehalten werden, d. h. diese beiden Mächte sollten im Gleichgewicht stehen.[3])

Justi bezeichnet dann weiter ausdrücklich Heinrich VIII. als Erfinder des Lehrgebäudes vom Gleichgewicht, setzt aber dem freilich hinzu: „die anderen Mächte liessen sich diesen besonderen Einfall des Königs von England vom Gleichgewicht damals nicht ankommen."

---

[1]) Hertzberg, S. 12: Bis zum Ende des 15. Jahrhunderts habe es zwar viele Kriege gegeben, aber es sei nie die Rede gewesen von einer Universal-Monarchie, noch von einem ihm entgegengesetzten Gleichgewicht (équilibre général, qui lui fût opposé). Diese beiden grossen Systeme seien vom 15. bis zum 16. Jahrhundert entstanden, als die österreichischen Fürsten, Burgund, Spanien, beide Sicilien etc. unter ihrer Herrschaft vereinigten; „da dachten und arbeiteten Carl V, Philipp II und Ferdinand II ernstlich, diese Universal-Monarchie zu bilden etc."

[2]) Justi, Chimaire des Gleichgewichts von Europa, S. 20 (1758).

[3]) So schreibt noch 1641 H. de Rohan in einer an den Cardinal von Richelieu gerichteten Schrift (pag. 2): „Il faut poser pour fondement qu'il y a deux Puissances dans la Chrestienté qui sont comme les deux Poles, desquels descendent les influences de paix et de guerre sur les autres Estats, à sçavoir les Maisons de France et d'Espagne; celle d'Espagne se trouvant accrüe tout d'un coup, n'a pû cacher le dessin qu'elle avoit de se rendre maitresse et de faire lever en Occident le Soleil d'une nouvelle Monarchie. Celle de France, s'est incontinant portée à faire le contrepoids. Les autres Princes se sont attachez à l'une, ou à l'autre selon leur interest."

Von englischem Standpunkte aus schrieb dann William Camden in der „hystory of the most renowned a. Victorious Princess Elisabeth (III. Ausg. London 1675 Lib. II. p. 223). „True it was which one hath written; that France and Spain are, as it were the Scales in the Balance of Europe and England the tongue or the holder of the balance."

Wie stichhaltig diese Behauptung Justi's, Heinrich VIII. habe das Princip des politischen Gleichgewichts erfunden, sich nun erweisen mag, jedenfalls fand diese Lehre ihre eigentliche Anerkennung und Geltung erst zur Zeit der Glanzperiode Ludwig XIV., wo Frankreich einerseits durch die Eroberungspläne seines Herrschers, andererseits durch seine von Colbert's weiser Verwaltung hervorgerufene wirthschaftliche Blüthe allen anderen Staaten weit überlegen und daher deren Selbstständigkeit gefährdend geworden war.[1]) Dieser drohenden Uebermacht Frankreichs gegenüber suchte wiederum namentlich England durch Aufstellung der Lehre vom Europäischen Gleichgewicht entgegenzuwirken. Justi sagt l. c. S. 23: „Aller Wahrscheinlichkeit nach ist der König Wilhelm (III.) von England derjenige gewesen, welcher dem Systeme des Gleichgewichts von Europa bei den anderen Mächten Eingang verschafft hat." Er habe es mit der directen Absicht gethan, Frankreich durch Landkrieg von der Herrschaft auf der See abzuziehen.

Justi, der ein entschiedener Gegner der Gleichgewichtstheorie ist, sagt dann weiter: die ursprüngliche grobe Idee von dem Gleichgewicht, nach welcher Europa eine Waage vorstelle, von welcher die Häuser Oesterreich und Bourbon die zwei Wagschalen bilden, sei jetzt (1758) veraltet und vergessen und es sei zur Zeit hierüber ein anderer Begriff aufgestellt worden, den Justi als „ein klein wenig gesünder" bezeichnet. (S. 26.) „Nach demselben ist das Gleichgewicht von Europa eine beständige Regel des Krieg und Friedens in Europa, vermöge deren die europäischen Mächte alle Zeit eine besondere Aufmerksamkeit tragen, dass kein Reich unter ihnen so grosse Macht erlange, welcher die anderen Staaten nich widerstehen

---

[1]) Hertzberg, l. c. S. 16: „Mit dem Sinken der Oesterreichisch-Spanischen Macht und durch die stehenden Heere Ludwig's XIV sah man diesen Letzteren als Denjenigen an, der nach der Universal-Monarchie strebte. Da wandte man gegen ihn die Waffe des „équilibre de l'Europe." Dass die praktische Eroberungspolitik Ludwig's XIV auch theoretische Vertretung fand, ergiebt sich u. a. aus einer von Auber verfassten Schrift: „des justes prétentions du Roy sur l'Empire; Paris 1667." Hierin suchte der Verfasser zu beweisen, dass der König von Frankreich als Erbe Charlemagnes zur Herrschaft in Deutschland berechtigt und dominus dominandium omnium sei. — Joshua Gee „the trade a. navigation of great Britain (VI. ed. 1755) erwähnt ein im Jahre 1664 Ludwig XIV. überreichtes Project zur Ausdehnung des Handels Frankreichs mit Unterdrückung des Englischen, um so die französische Macht über alle Staaten zu erweitern; dazu bemerkt Gee: „the prodigious improvement of trade in that kingdom was the principal means which raised Lewis XIV. to that exorbitant power, by which the liberty of Europe was endangered." —

können, und dass mithin die Unabhängigkeit der übrigen Mächte und die Freiheit von Europa nicht in Gefahr gesetzt werden möge." Mit dieser Definition, setzt Justi hinzu, stimmen Alle, die über das Gleichgewicht geschrieben haben, überein. —

So sehr nun Justi, wie wir später sehen werden, gegen die Ansicht polemisirt, dass die durch den Handel und die Schiffahrt erlangte Macht in irgend eine Beziehung zur Veränderung des politischen Gleichgewichts gebracht werden könne, und dass jemals eine solche Einwirkung des Handels auf die politische Machtstellung behauptet worden wäre, so finden wir doch in einer Schrift vom Jahre 1733 dieses Verhältniss zwischen Handelsmacht und politischem Gleichgewicht näher berücksichtigt. Diese in Sorau anonym erschienene Schrift[1]) behandelt die Frage des politischen Gleichgewichts unter der Form eines zwischen den Römern und den Carthagern spielenden Prozesses. In der Rechtfertigungsschrift der wegen Verletzung des politischen Gleichgewichts verklagten Römer wird (S. 15) folgende Definition der Balanz gegeben: „Demnach halten die Gelahrten und Weisen der Welt davor, dass das gleiche Gewicht derer Reiche der Welt oder die Trutina, bilanx, Aequilibrium Imperiorum in einem besonderen Geschäfte oder Einrichtung der Völker bestehe, Kraft dessen die Reiche und Herrschaften derer höchsten Fürsten und freyen Völker, welche bereits mit einer grossen Macht versehen, dergestalt einzuschränken sind, damit die Gleichheit der Kräfte, insofern solche die Erhaltung anderer Reiche und Völker erfordert, beobachtet und solchergestalt die äusserliche Ruhe und der Frieden unter den Völkern erhalten werde." Daher dürfe kein Staat etwas unternehmen, was entweder **direkt** oder **indirekt** das Gleichgewicht der Staaten stören könne; **direct** werde das Aequilibrium durch Eroberung und Unterdrückung anderer Länder beleidigt. Dann folgt unter dem Titel „Monopolia beleidigen indirecte die Balance" ff.: „Indirecte

---

[1]) Der vollständige Titel dieser höchst curiosen Schrift lautet: „Neu eröffnetes Staatsparlament in dem Reiche des Gewissens, Worinnen Uranius der Richter der Völker, Eusebius und Salomon, dessen beyde Gerichts-Assessores über die Klagen und Exceptiones Hannibals und Scipionis, Zweyer Generals, Untersuchung halten und darüber einen rechtlichen Ausspruch ertheilen. Oder Praxis des Natur- und Völkerrechts. Zum Nutzen und Plaisir grosser Herren und Staatsleuthen entworfen. Sorau 1733. In dem unter peinlicher Beobachtung aller gerichtlichen Formalitäten hier dargestellten Prozesse zwischen den Carthagern und Römern wird schliesslich zu Gunsten der Carthager entschieden; da aber die Römer sich dem Richterspruch nicht unterwerfen, wird Geyserich nachträglich mit der Bestrafung Roms beauftragt.

aber wird die Balance beleidigt, wenn ein Staat mit verschiedenen heimlichen listigen oder gewaltthätigen Mitteln das Commercium dermaassen an sich ziehet, dass er andere Staaten davon ausschliesset, sie um ihre Nahrung und Kräffte bringet, hingegen sich durch derselben Entziehung reich nnd mächtig machet, dass er so den anderen überlegen seyn und sie bezwingen kann." (p. 16.)

Hier wird also direct die im Handel erlangte Kraft und Uebermacht als Ursache der Störung des politischen Gleichgewichts bezeichnet. Der Verfasser der Schrift selbst giebt seine Meinung über die Richtigkeit dieser Anschauung nicht zu erkennen; er lässt nur die Carthager in ihrer Replik auf die obige Anklage der Römer antworten: „Das Commercium könne jeder Staat nach Belieben bei sich einrichten." (pag. 27.)

Dass indessen diese Ansicht vom Einflusse der Handelsvortheile auf die Aenderung des politischen Gleichgewichts auch sonst Vertreter in der öffentlichen Meinung jener Zeit gefunden, sehen wir ferner aus der Schrift Kahle's vom Jahre 1744: „De Trutina Europae, quae vulgo adpellatur: die Balance von Europa," wo es pag. 84 und 85 heisst:[1])

„Videamus etiam, an commercium vigeat in magnis regnis aeque ac in civitatibus quae arctioribus limitibus circumscribuntur ut enim fert multorum opinio, trutina gentium negotiationibus et divitiis officit.

Hujus autem caussae quae contra sententiam nostram nititur, patronos, errore duci, liquet, quoniam experientia declarat, saepe parvas civitates, non solum copiis rei familiaris locupletes et pecuniosas esse sed et mercaturam maxime exercere."

Dass der Verfasser hier diese Ansicht bekämpft, ist demnach ein Beweis für die Thatsache, dass auf anderer Seite diese Ansicht mehrfache Vertretung gefunden hatte.

Dieser theoretische Streit erlangte nun einen besonders heftigen Ausdruck und eine Bedeutung in der praktischen Politik zur Zeit des Oesterreichischen Erbfolgekrieges (1740—1748) und des gleichzeitigen See- und Colonialkrieges zwischen England und Frankreich.

In Folge der Besetzung Louisbourgs[2]) durch die Engländer im Jahre 1745 veröffentlichte der französische Gesandte in St. Peters-

---

[1]) Diese Schrift ist auch ins Französische übersetzt worden von Geheimrath Formey in Berlin: la bilance de l'Europe considerée comme la régle de la paix et de la guerre 1744.

[2]) Louisbourg, von den Franzosen auf der Südküste von Cap Breton im Jahre 1713 angelegte Festung, wurde von den Engländern nach längerer Belagerung 1745 erobert und zerstört.

burg eine Erklärung, in welcher er den ungemessenen Despotismus der Engländer auf dem Meere, der auf Ausschliessung und Vernichtung des Handels und der Schifffahrt aller anderen Nationen ausging, heftig anklagte; hierbei sprach er von der Nothwendigkeit der Wahrung des Gleichgewichts der Macht auf dem Meere. Zur selben Zeit verfasste ein Herr Maubert „La voix d'un Citogen à Amsterdam", in welcher Schrift ebenfalls die aus der Englischen Uebermacht im Handel und in der Schiffahrt entstehenden Gefahren für alle anderen Staaten geschildert und zur vereinten Zerstörung dieser Uebermacht mit den Worten: Delenda est Carthago! aufgefordert wurde. Es hiess daselbst; Mettons nous avec la France au niveau de la Grande Bretagne, enrichissons nous de ses propres fautes et du delire ambitieux de ses Ministres; il est vraisemblable que les autres puissances prendront part à notre querelle pour conserver l'Equilibre du Commerce et aneantir cet Acte de Parlement (Navigationsacte) si prejudiciable à la Navigation des autres Nations, sur tout à la nôtre" (den Holländern).

Namentlich polemisirt Maubert gegen die perfide Politik der Engländer, welche darin bestehe, den Europäischen Cabinetten zu versichern, dass England seit einem Jahrhundert für Aufrechterhaltung des Gleichgewichts thätig sei, während es unablässig selbst eine drohende Uebermacht durch die Handels- und Seeherrschaft zu erlangen strebe.[1]) Diese Angriffe auf die politisch-commerzielle Stellung Englands veranlassten nun Justi, der sich „Königlich Gross-Brittanischer Bergrath" nennt, eine Gegenschrift zu verfassen, die 1759 erschien unter dem Titel: „Die Chimaire des Gleichgewichts der Handlung und Schiffahrt, oder Ungrund und Nichtigkeit einiger neuerlich geäusserten Meinungen von den Massregeln der freyen Mächte gegen die zu befürchtende Herrschaft und Obermacht zur See."

Diese Schrift, in welcher Justi der „Bosheit" und der „schwarzen Seele" des „elenden" Maubert, der alle Staaten gegen England aufhetzen wolle, viel Arges nachsagt, ist namentlich deshalb interessant, weil sie uns lehrt, was zu Justis Zeiten unter dem Worte: „**Handelsfreiheit**" verstanden wurde. Nachdem nämlich Justi den

---

[1]) Hertzberg l. c. S. 16 sagt: Um die Vereinigung Spaniens mit Frankreich zu verhindern schlossen Holland und England einen Vertrag (Spanischer Erbfolgekrieg 1701—13); hierbei nahmen sie den Namen der Seemächte an „tenant la balance de l'Europe." Nach Justi (siehe weiter unten) sind mehrere Schriften zu jener Zeit erschienen, die die Englische Handelsmacht angriffen; so u. a. „le politique Danois," die Justi ebenfalls Maubert zuschreibt.

Satz entwickelt (I. Hauptstück), dass alle Commerzien ihrer Natur nach vollkommen frei sein müssen, interpretirt er diesen Satz S. 43 wie folgt: „Eine jede Nation muss allemal eine vollkommene Freiheit haben zu handeln mit wem sie es für gut befindet und auf was für Art es derselben gefällt, indem aller Handel in der freien und unumschränkten Willkür einer jeden Nation beruht." „Es kann demnach ein Volk allen auswärtigen Handel aufheben, wenn es solches für gut befindet und alle auswärtigen Nationen von seinen Häfen, Handlungsplätzen und Grenzen ausschliessen, ohne dass andere Nationen solches als eine Feindseligkeit aufnehmen können." (p. 12.) „Sie kann die Waaren bestimmen, mit welchen Handel getrieben werden soll, die Einfuhr und Ausfuhr gewisser Waaren verbieten;" ja „es steht lediglich in der freien Willkür eines Volkes, ob es überhaupt einen auswärtigen Handel treiben will oder nicht." Das Alles ergebe sich als Folge daraus, dass „der Handel seiner Natur nach die allerfreieste und ungezwungenste Sache von der Welt sein muss."[1])

Was nun die Theorie von einem Gleichgewicht des Handels anbelangt, so sagt Justi, diese Idee sei wahrscheinlich aus einem „übeleingenommenen Begriff der Handlungsbilanz entstanden." S. 17. Er beschuldigt Maubert und dessen Meinungsgenossen die Lehre von der Handelsbilanz missverstanden und daraus eine Lehre vom „Gleichgewicht des Handels" gemacht zu haben; diese irrige Lehre von einem Gleichgewicht des Handels hätten seine Gegner „als einen Grundsatz des Völkerrechts und als eine Befugniss der Nationen angesehen, nach welcher sie von anderen zu fordern berechtigt wären, gleich stark Commerzien zu treiben." Obgleich nun Justi Alle die einen Zusammenhang der Handelsbilanz mit der politischen Balanz behaupten der tiefsten „Unwissenheit im Commerzienwesen" beschuldigt und ihre Theorie als ein „Hirngespinnst" bezeichnet, so wird man doch angesichts der offenbaren und grossen Parteilichkeit der gänzlich im Englischen Interesse geschriebenen Justischen Tendenz-

---

[1]) Dieser Hinweis auf den von Justi mit dem Begriffe „freier Handel" verbundenen Sinn, der der Bedeutung die diesem Worte heute beigelegt wird gerade entgegengesetzt ist, dürfte vielleicht im Hinblick auf manche Versuche neuerer Schriftsteller in die Schriften älterer Nationalökonomen heutige Ansichten und Tendenzen hineinzuinterpretiren nicht überflüssig sein. So führt Roscher z. B. S. 451 der „Geschichte der Nationalökonomik" an: Justi habe gesagt, der Handel müsse frei sein; — ohne dabei hinzuzusetzen, welche Bedeutung diese „Handelsfreiheit" bei Justi habe.

schrift, und gerade aus dieser heftigen Polemik entnehmen müssen, dass die Idee eines Einflusses der im Handel erlangten Vortheile, resp. der Handelsbilanz auf die politische Machtstellung des Staates und damit auf das politische Gleichgewicht ziemlich weite Verbreitung im 18. Jahrhundert gefunden hatte.

Positiv behauptet wird nun das Vorhandensein eines Causal-Zusammenhanges zwischen der Handelsbilanz und der politischen Balanz von dem Minister Friedrichs des Grossen v. Hertzberg in seinem am 26. Januar 1786 in der Akademie zu Berlin gehaltenen, später gedruckt erschienen Vortrage: „Sur la véritable Richesse des états, la balance du commerce et celle du pouvoir." Hertzberg beginnt seine Rede indem er daran erinnert, dass er im Jahre vorher am gleichen Tage (dem Geburtstage des Königs) gesprochen habe über die Vermehrung der Population des Preussischen Staates; jetzt wolle er zeigen, dass diese Population beruhe „sur les bases les plus solides et sur les véritables richesses d'une nation: l'agriculture, l'industrie nationale et la balance du commerce, avantages qui ne manquent pas de mener par une suite naturelle à la balance du pouvoir."

Nachdem Hertzberg dann auseinandergesetzt, dass Gold und Silber obgleich an sich werthlos, durch Uebereinkunft der civilisirten Nationen zu Repräsentanten des wirklichen Reichthums erhoben worden sind und die Stelle des letzteren eingenommen haben, giebt er eine Definition des Wesens der Handelsbilanz und hebt ihre grosse Bedeutung für den Staat hervor. Dann sagt er S. 7: „La balance du commerce a une influence essentielle et même decidée sur la balance du pouvoir, surtout depuis que l'or et l'argent ont pris en quelque manière la place de la richesse réelle."

Eine Nation mit grosser ihrem Territorium proportionirter Bevölkerung, die weise regiert werde, die eine gute Agrikultur mit einer entwickelten Industrie verbindet „et qui par une suite naturelle de ces avantages jouit d'une balance de commerce également favorable et assurée, une telle nation, dis je, peut aspirer au titre et au rôle de puissance respectable" — — Elle peut et elle doit même selon ses grands intérêts prendre toujours part à l'équilibre et à la balance politique du pouvoir pour s'assurer une existence permanente et florissante." (S. 9.)

Es folgt dann eine Entwickelung des Systems des politischen Gleichgewichts und seiner Geschichte seit Karl V., die ihren eigentlichen Zweck in der darauf folgenden apologetischen Darstellung der Politik Friedrichs des Grossen findet; diese Politik habe in ihren diplomatischen wie kriegerischen Maassregeln stets die Wahrung des Systems des Europäischen Gleichgewichts zum Ziele gehabt.[1]

Hierauf bemerkt Hertzberg, Nord-Amerika sei von Frankreich im Jahre 1776 unterstützt worden, damit England durch die Herrschaft des Meeres nicht erhielte: „une trôp grande balance dans le commerce maritime." (S. 19.)

Dieses System sei neuerdings durch den Frieden von Versailles befestigt worden; man suche nämlich jetzt ebenfalls herzustellen: „l'équilibre du pouvoir maritime"; dieses Gleichgewicht resultire aus der Rivalität zwischen Frankreich und England. —

Den Schluss der Rede macht dann eine statistisch-beschreibende Darstellung der industriellen und commerciellen Entwickelung des Preussischen Staates, wobei namentlich die Verdienste des Königs um Hebung von Handel und Gewerbe hervorgehoben und endlich der Schluss gezogen wird, dass Preussen eine dauernde günstige Handelsbilanz geniessen müsse; der Beweis hierfür sei, dass der König trotz der vier langwierigen und kostbaren, von ihm geführten Kriege, und trotz seiner vielen Ausgaben für Hebung des verwüsteten Landes, doch zweimal einen Schatz habe sammeln können, der grösser sei als je ein Souverain besessen, ohne dass dabei im Lande Geldmangel fühlbar geworden und die Circulation gehemmt worden sei.[2]

Friedrich der Grosse, der, wie aus zahlreichen Stellen seiner Schriften hervorgeht,[3] ein entschiedener Anhänger sowohl der Theorie

---

[1] Namentlich sei der Krieg gegen Maria Theresia von 1740—48 im Interesse des équilibre geführt worden; wobei Preussen „sur des titres légitimes" Schlesien erhalten habe; ebenso wurde das équilibre gerettet durch den Frieden von Hubertsburg 1763, den er, Hertzberg, geschlossen habe. Auch die Theilung Polens 1772 sei nach den Grundsätzen des équilibre geschehen.

[2] Friedrich der Grosse rechtfertigt die Ansammlung eines Schatzes ebenfalls damit, dass der hierdurch für die Circulation entstehende Ausfall durch die günstige Handelsbilanz, die Preussen geniesse, reichlich wieder ersetzt werde. (Oeuvres IX, S. 184.)

[3] Die Wichtigkeit einer günstigen Handelsbilanz wird von Friedrich dem Grossen hervorgehoben u. a. Oeuvres VI, S. 77, 84 (Mémoires de 1763 jusquà 1775) IX; S. 206 im „essai sur les formes de Gouvernement," ferner im „Exposé du Gouvernement Prussien" IX, S. 184. Cf. auch den Briefwechsel des Königs mit der Kurfürstin Marie Antonie von Sachsen, Band XXIV, namentlich S. 99. Friedrichs des Grossen volkswirthschaftliche Ansichten ergeben sich ferner aus mehreren Stellen des Antimacchiavel, ou examen du Prince de Macchiavel (Oeuvres VIII). Ueber das politische Gleichgewicht spricht Friedrich der Grosse namentlich in „Considérationes sur l'etat présent du corps politique de l'Europe" VIII, S. 7

des politischen Gleichgewichts, wie der Theorie der Handelsbilanz war, deutet auf den Zusammenhang zwischen der wirthschaftlichen Entwicklung und Hebung eines Landes und der Stellung desselben im Systeme des Europäischen Gleichgewichts u. a. hin in den „Mémoires de 1762 jusquà 1775" (Ch. II. „Des finances" (Oeuvres VI. S. 90). Nachdem daselbst die Maassregeln der Regierung für Hebung des Wohlstandes und Mehrung der finanziellen Einkünfte geschildert worden sind, heist es: „C'est ainsi qu'un système de finances toujours perfectionné et suivi de père en fils, peut changer un gouvernement et le rendre, de pauvre qu'il était, assez riche pour ajouter, son grain dans la balance des pouvoirs, qu'ont les premiers monarques de l'Europe."

Bisher haben wir nur solche Schriften auf ihre Beziehung zu der hier in Rede stehenden Frage geprüft, die sich in erster Reihe mit politischen Problemen und dem politischen Gleichgewicht beschäftigten und daher der wirthschaftlichen Erscheinungen nur in zweiter Linie Erwähnung thaten. Es bleibt nunmehr übrig zu untersuchen, in welcher Weise Seitens der eigentlich Nationalökonomischen Schriftsteller dieses Verhältniss der Handelsbilanz zur politischen Balanz aufgefasst wurde. Es wird a priori geschlossen werden können, dass wir diese Einsicht in die Abhängigkeit der politischen Machtstellung eines Staates von seiner wirthschaftlichen Blüthe und von derjenigen Erscheinung die als Maassstab dieser wirthschaftlichen Blüthe aufgefasst wurde, eben der Handelsbilanz, nicht bei denjenigen Schriftstellern über ökonomische Fragen zu suchen haben werden, die in der ersten Periode, in welcher überhaupt wirthschaftliche Erscheinungen zum Gegenstande wissenschaftlicher Untersuchung gemacht wurden, ihre Gedanken hierüber veröffentlichten; diese ersten Nationalökonomen waren noch zu sehr von der Fremdheit des von ihnen ins Auge gefassten Gegenstandes befangen und richteten daher ihre Aufmerksamkeit ganz vorzugsweise auf äussere, im practischen Leben besonders fühlbar zur Geltung gekommene Seiten des Wirthschaftslebens. Nicht aber konnte von ihnen erwartet werden, sie würden bereits in das innere Wesen des wirthschaftlichen Lebens als einer Grundlage des gesammten sittlich-materiellen Staatskörpers einzu-

---

und 24; hier illustrirt Friedr. d. Gr. das politische Gleichgewicht durch einen medicinischen Vergleich: für die Gesundheit eines Körpers sei ein richtiges Verhältniss der Mischung der Stoffe, aus welchen er besteht, ebenso nothwendig, wie für die Gesundheit des politischen Gesammtkörpers Europa's die richtige Proportion der Mächte zu einander.

dringen unternehmen: diese ersten Schriftsteller begnügten sich einige der zu ihrer Zeit gerade practische Schwierigkeiten hervorrufenden Fragen des öffentlichen Wirthschaftslebens zu erörtern; sie schrieben über Münzwesen, die Schäden der Münzverschlechterungen und über die Mittel den Reichthum an Edelmetallen in einem Lande zu vermehren. Aber sie hatten offenbar noch keine Einsicht in den innern Causalzusammenhang erlangt, in welchem alle diese einzelnen Erscheinungen des Wirthschaftslebens mit der Gesammtgestaltung desselben standen; und daher konnten sie auch noch nicht zur Stellung der Frage vorgehen, in welchem Causalnexus dieses Gesammt-Wirthschaftsleben zu den Erscheinungen des übrigen Staatslebens stand.

So finden wir denn in der That das Problem der Einwirkung des wirthschaftlichen Zustandes eines Staates auf dessen politische Machtstellung erst verhältnissmässig spät behandelt. Als hauptsächliche Vertreter dieser Auffassung aber erweisen sich diejenigen drei hervorragenden Nationalökonomen, denen die Vor-Smithsche nationalökonomische Theorie überhaupt ihre tiefere Ausbildung und Systematisirung zu verdanken hat: die drei Zeitgenossen Steuart, Forbonnais und Sonnenfels. —

Steuart und Forbonnais[1]) gehen von der Entwicklung des Satzes aus, dass seitdem Gold und Silber durch Uebereinkunft aller Nationen zu Repräsentanten des Werthes aller Dinge erhoben worden sind, und daher Derjenige der diese Edelmetalle besitzt, sich die Herrschaft über alle andern Dinge verschaffen könne, der relative Besitz dieser Edelmetalle zugleich das Machtverhältniss bezeichne, in welchem die Nationen zu einanderstehen. Steuart sagt: by being rendered an universal equivalent for every thing, they (Gold und Silber) became also the measure of power between nations;" (Cp. XXII.) Forbonnais nennt das Geld direct: „les moyens de puissance active", um deren Besitz die Staaten eifersüchtig streiten.

Das rivalisirende Streben der Nationen einander eine günstige Handelsbilanz abzugewinnen vertheidigt Forbonnais mit den Worten:

---

[1]) Steuart, Sir James, An Inquiry into the principles, of political oeconomy, citirt nach der vom Sohne des Verfassers veranstalteten Gesammtausgabe der Werke Steuart's in 6 Bänden, London 1805. Cf. namentlich Book II, Cap. XXII. (1 Band). Forbonnais: „Principes économiques" citirt nach XIV. Bande der Collection des principaux Économistes — Mélanges d'économie politique I, S. 218—220, S. 230. Steuart's Werk und die hier genannte Schrift Forbonnais erschienen im gleichen Jahre 1767; Sonnenfels Hauptwerk: 1765 (Grundsätze der Polizey, Handlung und Finanz, 3 Bände).

„Ceux là se trompent, qui ne voient dans cette division qu'un calcul aveugle de l'argent. Ce n'est pas autant les metaux précieux qu'on envie, que les effets résultants de l'acroissement continuel des richesses conventionelles dans une societé, c'est à dire l'augmentation qui en résulte nécessairement pour la production et la population. — — —

„C'est par là que la balance du commerce tient à la balance des pouvoirs; que l'équilibre maritime est la base réelle de l'équilibre de l'Europe." —

Mit einer Polemik gegen die Physiokraten, die stets nach einer „natürlichen" Ordnung der Dinge verlangten, die in Wirklichkeit unmöglich wäre, schliesst Forbonnais dann diesen Abschnitt mit den Worten: „C'est donc sur cette position réelle de l'Europe où l'argent — est le vrai moteur de la puissance, que les principes économiques doivent être établis". — (S. 220.) Hier ist demnach die behauptete Einwirkung der Handelsbilanz auf die Veränderung oder Wiederherstellung des politischen Gleichgewichts eine einfache logische Folgerung aus dem Forbonnais und Steuart gemeinsamen Vordersatze, dass Geld im jetzigen Wirthschafts- und Staatensystem sowohl Mittel wie Ausdruck der Kraft und Macht sei. Wird in der That das Geld als Mittel der „puissance active" eines Staates betrachtet, so ergiebt sich von selbst, dass die Gestaltung der Geldbilanz zum Maasstabe der Zunahme oder Abnahme dieser staatlichen Macht werden und somit die Stellung des Staates im System des politischen Gleichgewichts bestimmen muss.

Es muss hier noch hervorgehoben werden, dass bei Steuart die Idee einer Balanz oder eines Causalzusammenhangs zwischen Wohlstand und Macht, und das Streben nach einem Gleichgewicht, das zwischen dem Wohlstande der verschiedenen Klassen der Staatsbürger hergestellt werden müsse, eine sehr grosse Rolle spielt,[1]) derart, dass wir bei Steuarts Theorien eine Einwirkung der Harringtonschen Ideen vermuthen möchten. So spricht Steuart von einer in der Neuzeit stattgehabten Veränderung des Verhältnisses zwischen dem Reichthume des Staates und dem der Unterthanen — „overture of the balance between public and private opulence." (Cap. XIV.[2])

---

[1]) Cf. namentlich Brok II, Capitel XXVI: Of the Vibration of the balance of wealth between the Subjects of a modern State.

[2]) Hierher gehört auch ein Ausspruch Steuart's (Cap. XXIII, II. book): „The prerogative of Princes in former times, was measured by the power they could constitutionally evercise over the persons of their subjects; that of modern Princes by the power they have over their purse."

Im folgenden Capitel setzt Steuart ferner auseinander, dass die
„balance of wealth" eine wichtige Rolle spiele, „among the political
balances of a modern State". Nachdem Steuart dann den Nachweis
geführt hat, dass die jetzigen unablässigen Veränderungen der „Balanz des Wohlstandes" einzig und allein durch die Circulation des
Geldes herbeigeführt würden, sagt er, dass ein gleicher Effect, wie
ihn die Circulation im Inlande bewirke, in Bezug auf internationale Verhältnisse herbeigeführt werde, durch den auswärtigen Handel und durch die Handelsbilanz. „Circulation with
foreign nations, the same thing as the Balance of trade"
(Cap. XXIX). —

Die angeführten Stellen beweisen, wie eng die nationalökonomischen Theorien Steuart's und Forbonnai's mit einer den Causalzusammenhang zwischen Wohlstand und Macht illustrirenden
Vorstellung von einer „Balanz" verknüpft sind, und wie diese Vorstellung sowohl auf das Wirthschaftsleben des Einzelvolkes als auf
die Erscheinungen des internationalen Handelsverkehrs und auf die
Wirkungen der Handelsbilanz angewandt wird. Wir fügen diesen
Ansichten der beiden grossen Vor-Smith'schen Nationalökonomen
Englands und Frankreichs noch eine Bemerkung aus den „Grundsätzen der Polizey, Handlung und Finanz"[1]) von Sonnenfels hinzu,
die, wenn sie auch bei dem deutschen Nationalökonomen eine weit
weniger ausgebildete und entwickelte Auffassung zeigt, als die beiden
Zeitgenossen desselben in England und Frankreich sie besitzen, doch
für die uns hier beschäftigende Frage von grosser Bedeutung ist.

Bei Erörterung der Wirkungen der Handelsbilanz weist Sonnenfels darauf hin, dass der Staat nicht blos auf die Totalbilanz im
internationalen Gesammtverkehr, sondern auf die besondere Bilanz
mit jedem einzelnen Lande Acht geben müsse; jeder Staat müsse zu
verhindern suchen, dass er keinem einzigen fremden Lande gegenüber in der Handelsbilanz andauernd im Nachtheil sich befinde.

„Dieses ist nöthig," heisst es daselbst, „um nicht den Wechsel
mit einem Staate so sehr wider sich zu haben: dann auch, um das
Gleichgewicht der Macht, welches gewissermaassen auf
dem Gleichgewicht der Handlung beruhet, zu erhalten.
Es ist nicht Rivalität allein, welche die Staaten in Europa bewegt,
lieber die Bilanz mit Indien, als den europäischen Staaten zu verlieren." Sonnenfels will demnach mit dem letzteren

---

[1]) 5. Ausgabe, Wien 1787 II, S. 587.

Satze die Meinung ausdrücken, dass während die ungünstige Handelsbilanz der europäischen Staaten Indien gegenüber keine Schädigung ihrer politischen Machtstellung verursachen könne, ein andauernder Gewinnst in der Handelsbilanz eines europäischen Staates einem anderen europäischen Staate gegenüber eine Verschiebung des bestehenden politischen Gleichgewichts bewirken werde.

Von Sonnenfels also, ebenso wie von Hertzberg, Forbonnais und Steuart wird die Handelsbilanz als ein mitwirkender Faktor in dem Systeme der politischen Balanz bezeichnet.

Es ist hier der Versuch gemacht worden, die von der völkerrechtlichen und nationalökonomischen Literatur im 18. Jahrhundert zwischen der Lehre von der Handelsbilanz und der Lehre vom politischen Gleichgewicht aufgestellten Beziehungen nachzuweisen, soweit das zu Gebote stehende Material es gestattete. Der Verfasser ist sich selbst sehr wohl bewusst, wie lückenhaft dieser Nachweis geblieben ist, und wie unvollständige Bruchstücke zur Geschichte des Verhältnisses der genannten beiden Theorien hier gegeben worden sind. Die einzige Entschuldigung dieser Unzulänglichkeit, auf die der Verfasser glaubt rechnen zu dürfen, besteht in der Neuheit des hier angestellten Versuches. Es waren noch gar keine Vorarbeiten über die Frage dieser Beziehungen der beiden Theorien vorhanden, und der Verfasser hat sich daher seinen Weg allein durch eine bishierzu fast unbetretene Gegend bahnen müssen. Es wäre kein Wunder, wenn er dabei hier und da von der rechten Richtung abgekommen sein sollte; die einzige Hoffnung, mit der sich der Verfasser für den besten Fall schmeicheln darf, ist, dass es ihm gelungen sein möge, einiges Material zum Nutzen künftiger Forschungen geliefert zu haben. —

III. Capitel.

Das ältere Englische Bilanzsystem.

Wenn der Beginn einer zielbewussten Wirthschaftspolitik der Staaten nicht weiter als bis in's 16. Jahrhundert zurückverlegt werden kann, so sind doch vereinzelte und unsystematische ökonomisch-politische Maassregeln und Bestrebungen weit früher nachzuweisen. Sowohl monetarische[1]) Tendenzen, wie das Streben der einheimischen Arbeitskraft die gewohnte Erwerbsmöglichkeit zu erhalten, haben in den entwickelteren Staaten schon in der zweiten Hälfte des Mittelalters bestanden. Aber der Zusammenhang beider Bestrebungen war jener Zeit durchaus nicht bewusst. Dass der Abfluss des Geldes im auswärtigen Handel zugleich ein Unterbieten der einheimischen Arbeitskraft bedeute, und dass umgekehrt die Beschützung der inländischen Industrie-Thätigkeit die Erreichung jenes Monetarzweckes sichern könne, davon scheint kaum eine dunkle Ahnung vorhanden gewesen zu sein. Jeder dieser Zwecke wurde vielmehr abgesondert für sich in's Auge gefasst und mit besonderen Mitteln verfolgt. Bei einer solchen Trennung der beiden Bestrebungen musste es vorkommen, dass die zu ihrer Verwirklichung angewandten Mittel sich in gewissen Punkten widersprachen und ihre Wirksamkeit gegenseitig hemmten.

Dieser Widerspruch trat besonders greifbar in den Ausfuhrverboten hervor, die im mittelalterlichen Wirthschaftsleben fast aller Staaten eine grosse Rolle spielten. Die Ausfuhrverbote sind das charakteristische Merkmal der wirthschaftlichen Anschauungsweise einer Zeit, die in erster Linie die einheimische Consumtion

---

[1]) Marx, „Zur Kritik der Politischen Oekonomie," braucht den Ausdruck „Monetarsystem", zur Bezeichnung der auf Vermehrung des Edelmetalls in einem Lande gerichteten Bestrebungen. — „Das Monetarsystem, wovon das Merkantilsystem nur eine Variante ist." S. 138 ff.

ungeschmälert durch die Conkurrenz ausländischer Käufer erhalten wollte und dem Inlande eine „Fülle" von Gebrauchsgütern zu bewahren strebte, unbekümmert darum, dass diese Maassregel dem anderen Streben, der Herbeiziehung des Edelmetalls aus dem Auslande, gerade entgegenwirken musste.[1]) Es darf bei diesen Ausfuhrverboten der auf mittelalterlicher Stufe stehenden Volkswirthschaften nicht etwa an die erst viel später auftretende Idee, dass den zur Weiterproduction erforderlichen Rohstoffen die Ausfuhr untersagt werden müsse, gedacht werden. Diese letztere Idee, die sich gerade den Verkauf der durch die Verarbeitung höher verwertheten Rohstoffe an das Ausland zum Ziele setzt, gehört dem von der Handelsbilanzlehre beherrschten politisch-ökonomischen Systeme des 17. und 18. Jahrhunderts an.

Die älteren Ausfuhrverbote entstanden lediglich in Folge der Klagen der Inländer über die Preissteigerung der Landesproducte

---

[1]) So lange die Vermehrung des Handels nicht Ziel der Staatspolitik geworden war, wurde die Ausfuhr von Landesproducten als eine Schädigung der Staatsangehörigen angesehen. So sagt J. Bodin über die Ausfuhr französischer Producte: „desquelles le sage Prince ne doit permettre la traicte, que son peuple n'en soit fourni et soulagé et les finances accrues: ce qu'on ne peut fair sans hausser l'imposition foraine. — — et si l'estranger, craignant l'impost en prend moins, le sujet en aura meilleur compte;" — also Erhöhung der Ausfuhrzölle „à l'estranger des choses, des quelles il ne se peut passer", — Sixième livre de la Republique: des finances," ch. II (citirt nach der Ausgabe v. Jahre 1580, Paris. S. 876 u. 877.) Ebenso verlangt Seckendorff (Teutscher Fürstenstaat, verbesserte Auflage Jena 1754), dass den fremden Kaufleuten nicht gestattet werde, im Lande die Waaren aufzukaufen, ehe die Einheimischen ihren Bedarf befriedigt und so diesen die Waaren zu vertheuern und den Vortheil aus den Händen zu ziehen. Hierzu macht Andres, der Commentator Seckendorff's die Anmerkung, dass die Ausfuhr indessen nicht zur Unzeit verboten werden dürfe, weil sonst die Nachbarn Repressalien üben würden; in einem Fürstenstaate sei auf weise Art „gar artig ohne Verbot" die Getreideausfuhr gehemmt worden durch Beobachtung der fremden Aufkäufer und „dass man sie durch Einheimische vom Verkauf abtreiben liess." S. 231. — Unter Eduard II. von England wird ein Gesetz gegen den längeren Aufenthalt von Fremden, damit motivirt, dass dadurch eine Theuerung entstehen würde; Ochenkowski l. c. S. 226 ff. So weist auch List (Das nationale System, 6. Auflage) darauf hin, dass die Ausfuhrzölle einer unentwickelten Wirthschaftsperiode angehören. „Die freie Ausfuhr und die beschwerte Einfuhr, namentlich der Fabrikate, setzt schon eine vorgerückte Industrie und eine erleuchtete Staatsadministration voraus." S. 30. — Cf. auch Scherer, Allgem. Geschichte des Welthandels, S. 28, II. —

Der begriffliche und historische Gegensatz der Ausfuhrzölle sind die Ausfuhrprämien; sie bezeichnen das einseitige Ueberwiegen des handelspolitischen Gesichtspunktes.

durch die Nachfrage fremdländischer Käufer. Diese Maassregeln bezeichnen daher eine völlige Vernachlässigung des extensiv-wirthschaftlichen Gesichtspunktes, nach welchem doch gerade die Preissteigerung der eigenen Producte durch eine ausgedehntere Nachfrage als ein höchst wünschenswerthes Resultat erschienen wäre.

Dasjenige Land, in welchem vermöge seiner geographischen Lage und durch die organische Entwicklung seines politischen Lebens am frühesten der Zusammenschluss zu einem nationalen Ganzen erfolgte und in welchem in Folge dessen die nationale Individualität sich in dem Bewusstsein ihres Gegensatzes gegenüber anderen Völkern zuerst offenbaren musste, war England. Auf wirthschaftlichem Gebiet kam dieses frühreife nationale Selbstbewusstsein in dem Streben nach Sicherstellung des Wohlstandes und der Erwerbsmöglichkeit der Staatsangehörigen zum Ausdruck.

England ist dasjenige Land, in welchem die Entwicklung der beiden Elemente der späteren Handelsbilanztheorie am deutlichsten beobachtet werden kann, ebenso wie die nachmalige von dieser Lehre geleitete Handelspolitik hier zur ausgebildetsten Entwicklung gelangt ist. Für alle aus dem Bewusstsein nationaler Selbstständigkeit entspringenden Bestrebungen in Bezug auf Vertheidigung und Angriff auf wirthschaftlichem Gebiete, wird England stets das klassische Beispiel bleiben, das die Geschichte jeder diese Fragen betreffenden Untersuchung bietet.

So finden wir denn auch im mittelalterlichen England jene Ausfuhrverbote, als Ausdruck der beginnenden staatlichen Thätigkeit auf handelspolitischem Gebiete.[1])

Diese Ausfuhrverbote werden hier mit dem ausgesprochenen Zwecke erlassen dem einheimischen Markte ein reichliches Angebot der nöthigen Producte zu sichern und die vertheuernde Concurrenz der Fremden fern zu halten. Ochenkowski weist nach, dass bis weit in das 16. Jahrhundert hinein in diesen Maassregeln kein leitendes

---

[1]) Die Ausfuhr von Nahrungsmitteln scheint in den ältesten Zeiten in England sehr ungern gesehen und nach Kräften verhindert worden zu sein; König Ethelred verordnete, dass die ausländischen Kaufleute an Lebensmitteln nur drei lebendige Schweine auf ihren Schiffen exportiren durften. — Die drei pikardischen Städte Amiens, Corby und Nesle, welchen unter Heinrich III. (1236) ganz besondere Privilegien gewährt wurden, erhielten u. a. das Recht, alle Waaren, welche sie in England gekauft hatten, „ohne Hinderniss" auszuführen, ausgenommen Waffen und Lebensmittel. Ochenkowski, Englands wirthschaftliche Entwickelung im Ausgange des Mittelalters. S. 173, 176.

merkantiles Motiv zu entdecken sei, und dass nur die beschäftigungslose Lage der Handwerker oder die Erwägung, dass Niemand, wenn er auch nicht zu den Gewerbtreibenden gehört, wegen der Ausfuhr der heimischen Producte Mangel leiden solle, diese Ausfuhrverbote veranlasst habe.[1)]

Wie wenig aber die Zurückdrängung der Einfuhr fremdländischer Waaren im Vordergrunde der ökonomischen Erwägungen stand, und wie vielmehr die Gesetzgebung fast ausschliesslich die Abhülfe der Noth einer einheimischen Arbeiterklasse ins Auge fasste, ergiebt sich schlagend aus einem Gesetz, das Heinrich VIII in seinem 24sten Regierungsjahre erliess. Angesichts der unablässig wachsenden Zahl beschäftigungsloser Leute und in Erwägung des Umstandes, dass die Ursache dieser betrübenden Erscheinung in der Zunahme der Einfuhr ausländischer Lein- und Hanfwaaren liegt, verordnet dieses Gesetz, dass jeder Ackerbau treibende Unterthan des Königs von je 60 Acker, die er unter dem Pfluge bestellt, $^1/_4$ Acker mit Flachs oder Hanf bebauen müsse, damit die früher mit der Hanf- und Flachszubereitung beschäftigten Arbeiter wiederum Material für ihren Erwerb und Unterhalt fänden.[2)] Die von Heinrich VI, Eduard IV und Heinrich VII, ja auch noch die unter Elisabeth's Regierung erlassenen Einfuhrverbote wurden genau von demselben Motive veranlasst, das Eduard IV den Gebrauch der neu erfundenen Walkermühlen bei der Fabrikation von Kopfbedeckungen verbieten liess, weil mit Hülfe dieser Maschinen die Arbeit von 24 Menschen verrichtet werden könnte, und diese somit beschäftigungslos würden.[3)]

[1)] So sagt das Statut 5 Eduard II. c. 11 (1311 J.) „that the Foreign merchants abide longer than they were wont to do, by which abiding things become more dear, than they were wont to be, to the damage of the king and his Poeple." Eduard VI. belegte in den Jahren 1548 u. 1549 das Leder bei der Ausfuhr mit einem 3fachen Zoll, um der Theuerung dieser Waaren vorzubeugen, welche als den allgemeinen Interessen zuwider bezeichnet wird. Noch Elisabeth verbietet dreimal — 1558, 1571 u. 1575 — den Export des Leders und Talgs, wegen der Noth, die aus der grossen Theuerung dieser Waaren überhaupt und besonders für die ärmeren Klassen erwachse. Ochenkowski l. c. S. 167, 175, 246 u. 247.

[2)] Froude: history of England from the fall of Wolsey to the death of Elisabeth, Ausg. 1861; I, S. 4.

[3)] Ochenkowski l. c. S. 97 Anmerk. Der diesen Einfuhrverboten zu Grunde liegende Gedanke ist sehr gut ausgedrückt in einer Verordnung Heinrich VII. die besagt, dass die Handwerker sollen „optayne their nedy surtentacion and lyvyng by meane of the same drapery, for lake of such occupacion dailly fall in greate numbre to idleness and povertie" — Ochenkowski l. c. 99. Aus allen diesen Ge-

Ebenso wie die hier aufgezählten Maassregeln in keiner Weise auf das Vorhandensein des Begriffes von einer Handelsbilanz deuten, so darf man auch bei diesen vereinzelten und jeweiligen Aus- und Einfuhrverboten nicht etwa in moderner Weise daran denken, dass die englische Staatspolitik vor Elisabeth sich den Schutz der nationalen Arbeit zum Ziele gesetzt hätte.

Die Industrie des Landes als Ganzes zu schützen, das konnte den Staatsmännern jener Zeit nicht beifallen, weil in ihrem Bewusstsein überhaupt der Begriff einer solchen Gesammtheit der nationalen Arbeit und Industrie nicht vorhanden war. Getreu dem allgemeinen Vorherrschen des Individualitätsprincipes des Mittelalters wurden immer nur Individuen, einzelne Gewerbekorporationen oder bestimmte Städte von den wirthschaftlichen Schutz- und Beförderungsmaassregeln ins Auge gefasst.[1]) Ebenso waren auch die Schutzmaassregeln gegen die vom Auslande her entstehende Konkurrenz nicht gegen das Ausland als Ganzes und selten gegen einzelne ausländische Staaten gerichtet. Meist bezogen sich die Aus- und Einfuhrverbote nur auf einzelne fremdländische Kaufleute oder Handelsgesellschaften, die sich besonders missliebig gemacht hatten oder die der englischen Auffassung als besonders schädlich erschienen. Bald waren es die Italiener, insbesondere die Lombarden, bald die Niederländer oder deutsche Kaufleute, gegen deren Handelsoperationen man vorgehen zu müssen glaubte. Hierbei geschah es, dass, während man einmal die Italiener zurückdrängte, man gleichzeitig etwa die Flamändischen Kaufleute bevorzugte, und umgekehrt. Es war nach Ochenkowski's treffendem Ausdruck, ein Kampf von „Mann gegen Mann", noch nicht ein Kampf von Nation gegen Nation um die Vortheile und Gewinnste des Handels.[2])

Das in dem Vorhergehenden geschilderte Bestreben, den einheimischen Arbeitskräften einen gesicherten Unterhalt zu bewahren, bildete nun allerdings späterhin das eine Element des Handelsbilanz-

---

setzen spricht die Klage über einen ärmlichen wirthschaftlichen Zustand, der beim Beginn des internationalen Verkehrs gegenüber einer früheren relativ befriedigenden Lage grell hervortrat.

[1]) Dass die Aus- und Einfuhrverbote kein Ausfluss eines bewussten handelspolitischen Systems waren ergiebt sich daraus, dass sie oft nur auf kurze Zeit und als gelegentliche Maassregel in Folge einer gerade besonders hervortretenden Noth erlassen wurden. So sollte das Gesetz 33 Heinrich VI. nur 5 Jahre das 3 Eduard IV. so lange es dem Könige beliebe, das 22 Eduard IV. nur 4 Jahre gelten. Ochenkowski l. c. 245.

[2]) Ochenkowski l. c. S. 225.

systems. Aber auf der bisher gekennzeichneten Stufe der politischökonomischen Entwicklung war noch keinerlei Beziehung dieser Schutzbestrebungen zu der Handelsbilanzlehre zu entdecken. Die Wurzeln dieser Lehre werden wir darum in dem zweiten Elemente, das später in Verbindung mit dem erstgenannten Elemente diese Lehre hervorgehen liess, suchen müssen. Dieses zweite Element sind die bereits im Mittelalter in England nachweisbaren monetaren Bestrebungen. Die Untersuchung dieser Maassregeln wird um so lohnender sein, als wir hier zu dem alleinigen Punkte der mittelalterlichen Handelspolitik gelangt sind, auf welchem wir einem consequent durchgeführtem und bis ins Detail entwickeltem System begegnen. Dieses System besteht in einer Reihe zusammenhängender und ineinandergreifender Vorkehrungen, um einmal das im Lande cursirende Geld festzuhalten, und um zweitens ausländisches Geld ins Land zu ziehen.

In England wurden während des Mittelalters ebenso wie in den Ländern des Continents, zahlreiche Geldausfuhrverbote erlassen.[1] Nachweisbar hat bereits Eduard I im Jahre 1278 die Geldausfuhr verboten; anderen Nachrichten zufolge soll ein solches Gesetz schon unter Wilhelm dem Eroberer vorhanden gewesen sein.[2] Erneut wurden diese Verbote fast unter jeder Regierung bis auf Heinrich VIII und Eduard VI (7 Eduard VI 1553).

Die besonderen politischen Verhältnisse Englands sowie seine wirthschaftliche Armuth geben die Erklärung für diese häufige Wiederholung der Geldausfuhrverbote. Die Besitzungen und Eroberungen der Englischen Könige auf dem Continent, der Sold der auswärts stehenden Besatzungen, die Reisen der Englischen Grossen und die den ausländischen Inhabern Englischer Pfründen zufliessenden Abgaben mussten vielfach Geldausfuhr veranlassen, die einem armen Lande ohne Zweifel drückend war. Indessen begnügten sich die Englischen Gesetzgeber mit diesen negativen Maassregeln nicht,

---

[1] Ochenkowski l. c. S. 204.
[2] M'Culloch, introductory discourse to Adam Smith „inquiry etc." pag. XIX. Nach Sir James Steuart („inquiry into the principles of political economy") sind die sehr strengen Geldausfuhrverbote Heinrich VII. nur ein Correlat zu seinen übrigen wirthschaftspolizeilichen Massregeln gewesen, deren Zweck war, die Ausländer zu zwingen die für ihre Importe erhaltenen Gelder wieder in Englischen Waaren anzulegen. „Heinrich fürchtete nicht sowohl die Geldausfuhr, als dass das Getreide und die Wolle unverkauft bleiben würden" (Gesammtausgabe, III. Bd. S. 440.

sondern suchten durch posititive Vorkehrungen dem Abfluss des Geldes entgegenzuwirken und den Zufluss desselben zu fördern. Diejenigen Maassregeln, welche für das ganze hier zu schildernde System charakteristisch sind und die wir daher zuerst in Betracht ziehen müssen, waren die Gesetze, welche jeden Englischen Kaufmann zwangen, **einen bestimmten Theil** der für seine Waaren vom Ausländer erhaltenen **Kaufsumme baar, in Münze, ins Land zu bringen.**[1]) Ihre wesentliche Anwendung fand diese Maassregel, in den im Auslande belegenen Stapelplätzen.[2]) Für die Englische Ausfuhr galten als amtlich erwählte Stapelplätze Anfangs Troyes in der Champagne, Brüggen und Antwerpen, seit 1313 St. Omer und Lille, sowie Calais. Seit Heinrich VI. wurde Calais einziger Stapelplatz. Zwar hatte Eduard III. angesichts des offenbaren Vortheils den ein solcher Stapelplatz gewähren konnte, den Versuch gemacht, den Ausfuhrhandel vom Continent nach England zu verlegen; er verbot daher im Jahre 1353 allen Engländern bei Todesstrafe und Confiscation sämmtlichen Eigenthums die Ausfuhr Englischer Stapelproducte und richtete Stapelplätze und Handelsgerichte in mehreren Englischen Städten ein. Hierbei versprach der König den fremdländischen Kaufleuten Schutz gegen „Prälaten, Lords und Ladies".[3]) Aber es scheint, dass die Raubsucht der genannten Standespersonen stärker war, als des Königs Schutz, denn die ausländischen Kaufleute klagten über maasslose Ausplünderung und weigerten sich nach

---

[1]) Für die Schilderung der hier folgenden Periode der Wirthschaftspolitik Englands ist vorzugsweise benutzt worden eine Arbeit, die 1847 im Aprilheft der Edinburgh Review erschienen ist (anonym): Primitive Political Economy in England. (S. 427.)

[2]) Die Stapel waren aus den natürlichen Bedingungen des mittelalterlichen Verkehrs hervorgegangen — anfangs wohl als Zufluchtsorte vor Seeräubern — und sie spielen in der Handelsgeschichte jener Zeit eine grosse Rolle; cf. Scherer, Allgem. Gesch. des Welthandels I, 350—356. Ochenkowski giebt die genaue Geschichte der vielfachen Verlegungen der Stapelplätze für die Englische Ausfuhr von einem Ort zum andern. l. c. S. 193 c. ff. In den Stapelstädten wurden die ersten Handelsgerichte begründet: staple courts oder pieds-poudrés courts genannt, bei welchen die angesehensten Kaufleute zur schnelleren Rechtsprechung zu Richtern erwählt wurden.

[3]) Primit. political economy: „that they should not be interfered with by prelates, lords and ladies." Wie ernst Eduard III. es mit der Begründung eines Stapelorts in England gemeint hatte ergiebt sich daraus, dass der König für sich und seine Erben versprach nie Lizenzen zum Export zu ertheilen, wobei er hinzufügte, **dass wenn je solche Lizenzen dennoch ertheilt werden sollten, sie ungültig sein und nicht vor der Todesstrafe schützen sollten.**

England zurückzukehren. In Folge dessen sah sich Eduard III. veranlasst im Jahre 1357 den Engländern wieder ebenso wie den Ausländern zu erlauben, Stapelproducte zu exportiren. Seit dieser Zeit blieben die Stapelplätze für die Englische Ausfuhr im Auslande. Diese Ausfuhr bestand hauptsächlich aus Wolle, Schaaffellen, Leder, Blei und Zinn.

Diese Stapelorte nun mussten den Englischen Königen deshalb zur Anwendung ihrer Maassregeln in Bezug auf Regelung des Geldumlaufs besonders geeignet erscheinen, weil der Handel an diesen Punkten sich concentrirte und so die Beaufsichtigung jedes einzelnen Kaufgeschäfts ermöglicht wurde.

In Calais, wo sich der Englische Stapelhandel im Laufe der Zeit aus den anderen Stapelorten immer mehr zusammenzog, gelangten die hier in Betracht kommenden Einrichtungen zur höchsten Ausbildung. Zur Beaufsichtigung des Handels war in Calais eine Corporation, bestehend aus einem mayor und den constables of the staple, gebildet worden.[1]) Ihre Obliegenheit bestand, ausser in der Erhebung des königlichen Zolls von der exportirten Wolle, in der Aufsicht darüber, dass bei jedem einzelnen seitens eines Ausländers bei einem Engländer gemachten Kaufe, ein bestimmter gesetzlich fixirter Theil der Kaufsumme in Münze oder in rohem Edelmetall entrichtet werde. Das Verhältniss des in Baar zu empfangenden Theiles zur ganzen Kaufsumme wechselte häufig, war aber immer gesetzlich normirt. In England scheint diese Bestimmung hauptsächlich bei dem Exporte von Wolle zur Anwendung gekommen zu sein, in Schottland aber ist diese Maassregel nachweisbar auf alle Ausfuhrartikel ausgedehnt worden. Hier war im Jahre 1488 verordnet worden, dass beim Verkauf von einem serplaith of wool, von einem last of salmon und von 400 cloth je 4 ounces in Silber, beim Verkauf von jedem last of herrings je 2 ounces in Silber entrichtet werden musste.[2])

---

[1]) Zugleich bestand in Calais eine Handelscompagnie, staples company, die grosse Privilegien genoss; diese Compagnie wachte eifersüchtig darauf, dass keine Englische Stadt das Vorrecht aus eigenem Hafen zu exportiren von den solche Privilegien gerne für baares Geld verkaufenden Englischen Könige erhielt, und wusste es durchzusetzen, dass der gesammte Export des Landes diese Stapelplätze aufsuchen musste. —

[2]) „Succeeding sovereigns and parliaments pursued with unceasing anxiety the policy of insisting on part of the price of every sack of wool sold being paid in money to be recoined at the English mint" (Prim. polit econ.) — Eduard III.

Zielten die eben angeführten Maassregeln darauf ab, Gold und Silber ins Land zu ziehen, so waren andererseits auch Vorkehrungen getroffen, um das im Lande vorhandene Geld nicht wieder über die Grenze abfliessen zu lassen. Diesen letzteren Zweck suchten die sogenannten statutes of employment zu erreichen. Diese Gesetze bestimmten, dass jeder fremdländische Kaufmann **die ganze für den Verkauf seiner Waaren von Engländern empfangene Geldsumme wiederum auf den Ankauf Englischer Waaren verwenden musste.** Der Ausdruck statutes of employment ist wörtlich zu verstehen, so dass eine Anlage (employment) aller seitens der Ausländer von Engländern empfangenen Gelder in Englischen Waaren stattfinden sollte.[1)]

Das vollständigste und strengste statute of employment war das Gesetz 18 Heinrich VI. c. 4. — Dasselbe verordnete, dass jeder ankommende fremdländische Kaufmann einem host d. h. einem amtlich beglaubigten Fremdenwirth zur Beaufsichtigung übergeben werden sollte. Diese Einrichtung war ebensowohl zur Ausführung des statute of employment, wie zur Sicherstellung der oben erwähnten Baarzahlungen beim Ankauf Englischer Ausfuhrproducte getroffen. Der host war verpflichtet, dem Fremden sofort nach seiner Ankunft seine Baarschaft abzunehmen und sie der Königlichen Münzstätte versiegelt zu übergeben. Von dem Königlichen Wechsler erhielt der Fremdenwirth dann die entsprechende Summe in Englischer Münze zurück und aus dieser letzteren musste der host sämmtliche Ausgaben des Fremden während der Dauer seines Aufenthalts bestreiten. Ein Verzeichniss dieser Ausgaben nebst den Namen der Empfänger

---

befahl 1342: „Whoso transporteth wool out of the realm shall bring in for every pack carried forth four nobles (1 £ 6 sh. 8 d.) in bullion, and so for all merchandise, according to the rate of the pack." (Travers Twiss, View of the progress of political economy u. s. w. S. 55.)

[1)] Noch Mun spricht in seinem ersten Werk (1609) „a discourse of trade from England unto the East-Indies" lobend von diesem Gesetze: „that excellent statute (anno 17 Edward IV.) that all the moneys received by strangers for their merchandise **shall be employed** upon the commodities of this realm." Der Autor des Artikels „Primitive polit. econ." bemerkt indessen, dass zu Mun's Zeiten ein anderes als das von ihm genannte statute of employment in Kraft war und zwar 3 Heinrich VII. c. 8. Sir James Steuart schildert das statute of employment Heinrichs VII.; dieser König „obliged the merchants who imported foreign commodities into his dominions to invest their returns in the natural produce of this land, which at that time consisted principally in wool and in grain. (Engl. Gesammtausg. III, S. 440.)

musste der Fremdenwirth ebenfalls der Münzstätte übergeben; nach diesem Verzeichniss wurde die richtige Einlieferung des gesetzlich bestimmten Theiles jeder Kaufsumme in Münze seitens der Englischen Verkäufer controlirt. Diese zwangsweise Einlieferung aller fremden Geldsorten zur Umschmelzung auf der Königlichen Münze war zugleich eine Vorkehrung gegen die Ueberschwemmung Englands mit ausländischer, in ihrem Gehalte, bei den damaligen Münzfälschungen, oft sehr fragwürdiger Münze. Verkaufte ein Englischer Kaufmann Waaren an einen Ausländer, so zahlte der Fremdenwirth des Letzteren dem Engländer nicht den ganzen Betrag aus, sondern übergab den vom Gesetze in Münze geforderten Theil der Kaufsumme versiegelt dem Schatzmeister von Calais, der darüber eine Quittung ausstellte. Der versiegelte Beutel wurde nach London an den Lordmayor versandt und von Letzterem erhielt der Englische Kaufmann gegen Rückgabe der Quittung sein Geld ausgehändigt. Eine genaue Vergleichung der Kaufs- und Verkaufsregister des Schatzmeisters von Calais mit den entsprechenden Registern des Lordmajors von London sollte zur Control alle Jahre zu Michaelis vorgenommen werden.

Das Gesetz 17 Eduard IV. C. 1 änderte das oben genannte statute of employment dahin ab, dass die ausländischen Kaufleute von der beengenden Aufsicht der hosts befreit wurden. Die Pflichten der Letzteren wurden Beamten, den searchers und customers, auferlegt. Der fremdländische Kaufmann sollte hiernach die Verwendung des für seine Waaren empfangenen Geldes auf den Ankauf Englischer Waaren nicht mehr durch seinen Wirth sich attestiren lassen müssen. Aber statt dessen musste der ausländische Kaufmann den Beweis erbringen, dass er alles empfangene Geld gesetzlich angewandt habe; der erbrachte Beweis sollte derart sein, dass die Zollbeamten des betreffenden Ausfuhrhafens ihn für „vernünftig" erachteten.[1]

In den hier geschilderten Maassregeln tritt uns demnach ein ausgebildetes System mit zahlreichen ineinander greifenden Maassregeln entgegen. Die Mittel dieses Systems sind durch den in's Auge gefassten Zweck und durch die Anschauungs- und Denkweise des Mittelalters bestimmt. Nicht für den Handel als solchen werden Gesetze erlassen und nicht die internationalen Verkehrsbeziehungen werden als Gesammtheit zu regeln gesucht, sondern der Staat unter-

---

[1] Dem ausländischen Kaufmann wurde auferlegt „though not attested by his host to prove that he had legally employed all the money received in England by such evidence as should appear reasonable to the custom officiers at the port he reembarked in" Prim. pol. ec. l. c.

nimmt jeden einzelnen Kaufact zu überwachen und durch die Person seiner Diener bei jedem individuellen Tauschgeschäfte gegenwärtig zu sein. Das vom Staate befolgte System sucht **jedes einzelne Kaufgeschäft productiv an Edelmetall zu machen.**

Der Verfasser des Artikels „Primitive political economy in England" nennt dieses System das balance of bargain system, weil die bezeichneten Maassregeln bei jedem Tauschact (bargain) einen Ueberschuss (balance) an Edelmetall zu erzielen bezweckten. Daselbst wird das balance of bargain system der Vorgänger des balance of trade system genannt; bei diesem letzteren habe es sich im Unterschiede vom ersten Systeme darum gehandelt, beim Gesammthandel (trade) einen Ueberschuss an Gold und Silber zu erzielen. Der sehr verdienstvolle Russische Nationalökonom Professor Janschull in Moskau, der in England eingehende Studien über den Ursprung des Merkantilsystems gemacht hat, nennt in seinem Buche „der Englische freie Handel" das oben geschilderte System das: Geldbilanzsystem, während ein anderer Russicher Gelehrter Vernadski den Namen: Tauschbilanzsystem wählt.[1]) Da aber dieses ursprüngliche System sich von seinem geschichtlichen Nachfolger, dem Handelsbilanzsysteme, gerade dadurch unterscheidet, dass es nicht wie dieses die Gesammtheit des nationalen Handels zu leiten unternimmt, sondern jeden einzelnen Kauf- und Verkaufact zu überwachen und zu regeln sucht, so scheint der Name: **Kaufgeschäfts-Bilanz-System** das Wesen der Sache zu bezeichnen.

Schwer erklärlich ist es dem gegenüber, dass ein so genau mit den wirthschaftlichen Zuständen der in Rede stehenden Epoche vertrauter Forscher wie Ochenkowski dieses System garnicht nennt, ja sogar durch mehrfache Aussprüche das Vorhandensein irgend eines Systems in dieser Beziehung in Abrede zu stellen scheint. Trotzdem sind Ochenkowski fast alle die oben geschilderten Einrichtungen wohl bekannt.[2]) Er ist aber nicht geneigt in denselben einen solchen inneren Zusammenhang zu erblicken, der sie als einzelne von einem Gesammtzweck bestimmte Theile eines staatlichen Systems erscheinen liesse.

Nachdem Ochenkowski die Stapeleinrichtung als ein Mittel zur

---

[1]) **Vernadski**, Abriss der Geschichte der politischen Oekonomie 1858 (in russischer Sprache).

[2]) Ochenkowski führt sämmtliche Gesetze die **statutes of employment** genannt werden nach den Daten ihrer Erlassung auf (S. 209 Anm.); diese Bezeichnung scheint er aber nicht zu kennen.

Erreichung allgemeiner Interessen, namentlich fiscalischer, bezeichnet hat, erzählt er S. 201 seines Werkes, die Stapelgesetze und andere hierauf bezügliche Actenstücke hätten oft von der Wirkung des Stapels auf das Geldwesen des Landes und auf den Zufluss und Abfluss der Edelmetalle gesprochen. Auch werde in diesen Publikationen die Königliche Münzstätte oft mit diesem Zu- und Abfluss der Edelmetalle in Zusammenhang gebracht und zwar so, dass die Blüthe oder der Verfall der Münzstätte als eine sehr wichtige Thatsache hervorgehoben werde; von dem Zustande dieser Münzstätte werde das Wohl und Wehe und die Lage der ökonomischen Verhältnisse des Landes abhängig gemacht. — Ferner sagt Ochenkowski S. 207, es sei den damaligen Anschauungen nothwendig erschienen, den internationalen Handel auf einen bestimmten Punkt zu concentriren „sonst würde, wie die Urkunden sagen, das Geld aus dem Lande fliessen und nicht zurückkehren".[1]) Anstatt nun aber in dieser von ihm selbst betonten Verbindung der Einrichtung des Stapels mit dem Wunsche den Zufluss des Geldes zu befördern, das Merkmal eines von den Englischen Königen durch diese Mittel befolgten Systemes zu erblicken, meint Ochenkowski S. 202, diese von den Gesetzen hervorgehobene Beziehung der Münzstätte zu dem Zu- und Abfluss der Edelmetalle präge „der Darstellung den Charakter einer Oberflächlichkeit auf", denn es würden „Thatsachen ohne genügenden Grund in eine engere Verbindung gebracht, als ihnen eigen ist".

Nach der oben von uns gegebenen Schilderung des in allen seinen Maassregeln ineinandergreifenden alten Bilanzsystems müssen wir diesem Ausspruche Ochenkowski gegenüber zur Ansicht gelangen, dass die von ihm gerügte „Unklarheit" nicht in dem Wesen der betreffenden Englischen Gesetzgebung liege, sondern vielmehr nur daher rühre, dass Ochenkowski seinerseits nicht den richtigen Einblick in den organischen Zusammenhang der bezeichneten Maassregeln erlangt hat. —

---

[1]) Das von Ochenkowski citirte Gesetz (S. 207) 2 Heinrich VI. c. 6 lautet: Whereas — it was ordained that a Mint of Gold and Silver, should be holden within the town of Calais, where by great substance of money of Gold and Silver hath been brought within the realm, which money by divers persons hath been and is daily carried out; und 8 Heinrich VI. c. 17 gegen die direkte Ausfuhr mit Umgehung des Stapels, weil dadurch „the Kings Mint at Calais is like to be void desolate." Desgl. 10 Heinrich VI. c. 7 „and also by the said wools etc. so carried to the said parts (mit Umgehung des Stapels) there cometh no Money into this realm — nor the same realm increased, nor the mint at Calais sustained."

In Folge dieser Auffassung weiss dann Ochenkowski die seiner Meinung nach hier vorhandene Unklarheit nicht anders zu beseitigen, als indem er alle den Geldverkehr betreffenden Einrichtungen der Stapelplätze auf den einzigen Zweck zurückführt, das Englische Geldwesen vor dem Eindringen fremder Münzen zu schützen.

Mit dieser Auffassung Ochenkowski's stehen nun aber die von ihm selbst angeführten Gesetze im Widerspruch[1]) da dieselben ausdrücklich von dem durch die Stapeleinrichtung bezweckten Zufluss des Geldes sprechen. Ausserdem schreibt aber Ochenkowski wörtlich (S. 208): „Der Stapel mit seinen Münzstätten war dann gewissermaassen ein Beutel, welchen man bloss unterzustellen brauchte, um das zufliessende Geld aufzufangen", und S. 208—209: „Wir sehen daraus, dass — — mittelst des Stapels und der ihm entsprechenden Einrichtung die Gefahr des Umlaufs der ausländischen Münzsorten nicht nur ferngehalten, sondern auch der Zufluss des Geldes herbeigeführt werden konnte".

Die oben angeführten Stellen sind nun schwer mit folgendem auf S. 210 befindlichem Satze in Einklang zu bringen: „Andererseits sieht man nirgends die Absicht, mehr vom Auslande zu erhalten, als das, was man ihm seinerseits giebt", auch muss Ochenkowski am Schluss desselben Absatzes zugeben, dass die von den Englischen Exporteuren in Münze geforderten Summen „den Bestand der einheimischen Schätze steigern" mussten.

Die hier in Ochenkowski's Ausführungen offenbar vorhandenen Widersprüche sind wohl nur durch sein allzustrenges Festhalten der in seinem Werke herrschenden Grundansicht — die im Uebrigen gewiss zutreffend ist — zu erklären. Diese aus dem ganzen Werke Ochenkowski's hervorgehende prinzipielle Auffassung besteht darin, dass sich im Mittelalter noch keine selbstständige Idee des Reichthums gebildet hatte, und dass diese Idee erst mit dem Beginn der Neuzeit als Factor der gesellschaftlichen Gestaltungen auftritt und erst hier als eine zu verwirklichende Aufgabe aufgefasst wird. Trotz dieser im Allgemeinen ohne Zweifel mit den Thatsachen übereinstimmenden Auffassung muss aber nach der oben gegebenen Darstellung der betreffenden ökonomisch-polizeilichen Einrichtungen behauptet werden, dass an demjenigen Punkte, an welchem die mittelalterliche Wirthschaft Englands mit der einzigen Quelle, aus welcher

---

[1]) Siehe die oben angeführten Gesetze. Cfr. Ochenkowski l. c. S. 207 Anm. und S. 215 Anm.

ihr Edelmetall zufliessen konnte, in Berührung kommt, die roh sinnliche Verehrung des Geldstoffes hervortrat, und dass aus dieser materiell empirischen Auffassung die Idee des Reichthums sich entwickelte.[1])

Sicher hat ferner Ochenkowski Recht, wenn er S. 211 sagt, im Mittelalter habe man kaum etwas von der Einwirkung der Gestaltung des auswärtigen Verkehrs (in seiner Gesammtheit) auf den Zu- und Abfluss der Edelmetalle geahnt. Um einen Ueberschuss an Geld zu erhalten, dachte man nicht daran die Gesammtheit der ausgeführten und eingeführten Waaren zu vergleichen, sondern man verlangte von jedem einzelnen Kaufmann die Erlegung einer willkürlich bestimmten Summe.

Aber in keiner Weise kann dagegen Ochenkowski's Behauptung beigepflichtet werden, dass diese Art der Heranziehung des Edelmetalls in keiner inneren Verbindung mit dem auswärtigen Verkehr gestanden habe, und dass im mittelalterlichen England nur das Streben vorhanden gewesen sei, die im Lande kursirende Geldmasse zu erhalten, nicht aber dieselbe zu vermehren.

Wie energisch und consequent die Englischen Könige sich das Ziel der Vermehrung der Edelmetallschätze ihres Landes stellten und mit wie wohlüberdachten Maassregeln sie diesen Zweck zu verwirklichen suchten, das ergiebt sich aus dem oben geschilderten System der Kaufgeschäfts-Bilanz.

Die im Anfang des 16. Jahrhunderts sich vollziehende Lockerung dieses Systems ging nun wohl weniger von einer aufgeklärteren Erkenntniss der wirthschaftlichen Lebensbedingungen als von einer Veränderung dieser Lebensbedingungen selbst aus. Das System gerieth in Verfall, weil die realen Verhältnisse, auf denen es gegründet war, zu existiren aufhörten.[2]) Die Ursachen, welche eine Umgestaltung

---

[1]) Ochenkowski deutet selbst l. c. S. 248 sehr richtig an, dass durch den auswärtigen Handel die Engländer zum Begriff des Reichthums und zu dessen Erwerbung hingeleitet wurden.

[2]) Ochenkowski sagt am Schluss seines Werkes (S. 249) hinsichtlich dieser Uebergangsperiode, die abwehrende Stellung der englischen Wirthschaftspolitik dem Auslande gegenüber und eine starke Sammlung der eigenen Kräfte deute darauf hin, „dass man nach Vollendung der organisatorischen Arbeit zum Angriff übergehen konnte," und S. 253: „Während die mittelalterlichen Handelsmächte sich dem Untergange zu näherten, hob sich England immer mehr. Unter diesen Umständen musste das Stapelinstitut an Bedeutung verlieren. Wir hören zwar von ihm noch im 16. Jahrhundert, es wird aber nicht mehr mit dem Nachdruck wie früher hervorgehoben."

der bisherigen Verkehrsverhältnisse hervorriefen, waren die Handelsoperationen der Merchant Adventurers; die Nothwendigkeit einer ausgedehnteren Anwendung von Wechseln; die Degradirung der Münzen unter Heinrich VIII.; endlich die Wiedereinnahme Calais durch die Franzosen unter der Regierung Mary und Philipp's.

Der Einfluss des Gebrauchs der Wechsel auf die Veränderung des alten Systems ist leicht ersichtlich. Dieses System hatte die Möglichkeit der Beaufsichtigung jedes einzelnen Kaufactes zur Voraussetzung. Mit der Verbreitung der Anwendung des Wechsels und mit dem Entstehen des Credits wurde eine solche polizeiliche Beaufsichtigung offenbar unmöglich. Die einfache Thatsache der ausgedehnteren Anwendung der Wechsel schlug eine Bresche in das alte Tausch-Bilanzsystem.[1])

Der Verlust von Calais wirkte in derselben Richtung, da diese Stadt seit Heinrich VI. der einzige Stapelort auf dem Continent gewesen war, in welchem sich die Englische Ausfuhr concentriren und beaufsichtigen liess.

Die Handelsgesellschaft der Merchant Adventurers[2]) dehnte im 16. Jahrhundert ihre Beziehungen zum Auslande immer weiter aus; in Folge dessen entspann sich zwischen der Compagnie und den Stapelstädten und ihren Corporationen ein langer Kampf, in dem letztere über die Umgehung der Stapelprivilegien seitens der Merchant Adventurers Klage führten. Indessen gewann die Compagnie in diesem Kampfe die Oberhand und erlangte sogar das Recht, mit

---

[1]) Unter der Herrschaft des alten Systems der Kaufgeschäftsbilanz durften Wechselgeschäfte nur durch einen hierfür angestellten Königlichen Beamten, den royal exchanger, vorgenommen werden; diese Beamten erhoben für diese Wechselnegotiationen nach Gutdünken hohe Gebühren, so dass dieses Amt ein sehr lukratives Geschäft bot. Der erste royal exchanger kommt unter Johann I. vor; Lord Burleigh (unter Elisabeth) war der letzte der dieses Amt bekleidete, aber er war uneigennützig genug, die weitreichenden Vorrechte dieses Amtes nicht zu Erpressungen zu gebrauchen; Carl I. suchte das Amt, um einen Geldgewinn zu erzielen, zu erneuern und machte 1628 den Earl of Holland zum einzigen „Wechsler" für Gold und Silber; aber die Gesetzmässigkeit des Patents wurde im Parlamente angegriffen und die Compagnie der Goldschmiede petitionirte dagegen. Carl I. vertheitigte sein Recht in einer Publication: „The office of his majestys exchange royal" aber wie es scheint vergeblich. Auch Jakob I. waren 40 000 £ St. für Erneuerung des Wechsler-Patents geboten worden

[2]) Die Gründung der Gesellschaft Merchant Adventurers hat bereits unter Heinrich III. in Canterbury unter dem Namen brotherhood of St. Thomas Beckett stattgefunden und zwar zum Zwecke des Tuchexports.

fremden Staaten Handelsverträge abzuschliessen.¹) Gemäss diesen Verträgen besorgte die Handelsgesellschaft den Export und Import von Waaren auf eigene Rechnung und mit Umgehung der Controle der Stapelbeamten. Damit war das Monopol der Stapelstädte praktisch aufgehoben.

Während auf dem Continent die obrigkeitlichen Münzfälschungen längst überall geübt wurden, scheint England lange von diesem Uebel frei geblieben zu sein. Erst Heinrich VIII. trägt das Verdienst dieses finanzielle Auskunftsmittel in England eingeführt zu haben. Diese Münzfälschungen Heinrichs VIII. wurden zu einer weiteren Ursache, dass die oben geschilderte zwangsweise Umwechselung aller fremden Münzen gegen Englische nicht mehr durchgeführt werden konnte, da es sich als unmöglich erwies, die Ausländer zu zwingen, gegen ihr Geld eine Münze, die keine Prüfung auf ihren inneren Gehalt vertrug, als vollzählig anzunehmen. Vielmehr erschien es Heinrich VIII. bald geboten, alle Maassregeln sorgfältig zu vermeiden, die die Aufmerksamkeit der Ausländer auf das innere Wesen der mit der königlichen Prägung versehenen Geldsurrogate nothwendigerweise hätten lenken müssen. Hiermit war wieder ein bedeutendes Stück des alten Systems in Wegfall gekommen. Hartnäckiger als die anderen Mittel dieses Systems erhielten sich die statutes of employment, die noch von Mun und Anderen lange als Ausfluss der Staatsweisheit gepriesen wurden.

Die Veränderung der realen Verhältnisse des wirthschaftlichen Lebens war demnach die Ursache der Veränderung des bis dahin geltenden politisch-ökonomischen Systems. Aber dieses Inkrafttreten realer Ursachen und Wirkungen wurde hier wie überall, wo gleiche Vorgänge sich entwickeln, von einem theoretischen Kampfe begleitet, in welchem auf der einen Seite die absterbende Ordnung Wiederbe-

---

¹) Diese Delegation der Staatsgewalt zur Schliessung internationaler Verträge besassen in Schottland die Städte (royal burghs), die zu einer Covention zusammentraten, Gesandte ernannten und Verträge zum Schutz des Handels schlossen. Der Autor des Artikels „Primitive political economy" sagt hierüber: „The delegation of powers with foreign states arose from a perception, of the benefits of commerce and from the unwillingness or inaptness of the government of the day to provide by national diplomacy for its progress and protection. The task which they were not yet ready to undertake themselves they encouraged their subjets to undertake." Die Handels-Verträge der schottischen Städte-Convention wurden namentlich mit den Niederlanden geschlossen; so im Jahre 1578 Vertrag von Campvere geschlossen durch die lord deputies of the towns of Scotland zum Schutz des Handels nach Holland.

lebungsversuche erfuhr, während auf der anderen das Werden der neuen Ordnung beschleunigt und unterstützt wurde. Die Regierung Elisabeths und die Zeit bis zur Thronbesteigung Carls II. kann als Uebergangsperiode bezeichnet werden, in welcher die Partisanen des alten Systems und die Opponenten seiner Wiederbelebung den Kampf der Diskussion begannen, der mit der Aufstellung des Handelsbilanzsystems endigte.

Der erste Theilnehmer an dieser Polemik, den der Artikel „Primitive political economy" namhaft macht, leider ohne Angabe des Titels seiner Schrift und des Jahres ihres Erscheinens, ist Mills. Derselbe war Zollbeamter eines englischen Ausfuhrhafens und vertrat als solcher einen äusserst reactionairen Standpunkt; er beklagte heftig den Verfall des Einflusses und des Monopols der Stapelorte und verlangte die Wiederherstellung aller der alten Maassregeln, durch welche der Handel beaufsichtigt und durch die Staatsweisheit gezwungen wurde, zum Wohlstande und zur Kräftigung des Landes beizutragen. Mit patriotischer Entrüstung greift er die modernen Operationen der Kaufleute an, durch welche das alte System umgestürzt worden sei.

Genauere Daten[1]) sind über eine gleichzeitige Polemik zwischen Malynes und Misselden vorhanden, von denen Ersterer die alten wirthschaftspolitischen Einrichtungen, Letzterer die Neuerungen vertrat. Gerard Malynes gab im Jahre 1601[2]) „a treatise of Cancar of Englands Commonwealth" heraus, in welchem er die Ränke und Kniffe der Geldwechsler, die 24 Arten der Hinterlist ausübten, heftig angriff und das Land zur Erkenntniss der seinen Lebensnerv bedrohenden Gefahren wachzurufen suchte. Er ist der Meinung, dass der Reichthum eines Landes sich auf drei Wegen verringern könne, 1) durch Geldausfuhr, 2) durch zu wohlfeilen Verkauf der Landesprodukte, 3) durch zu theuren Ankauf fremdländischer Waaren. Der König aber dürfe, meint Malynes, nicht dulden, dass vom Auslande

---

[1]) Die folgenden ökonomischen Streitschriften sind ihrem Inhalte nach genau wiedergegeben bei J. Janschull: „der Englische freie Handel, historischer Abriss der Entwickelung der Ideen der freien Concurrenz und der Prinzipien der staatlichen Intervention" I. Theil: Die merkantilistische Periode. Moskau, 1876; in russischer Sprache; es ist zu bedauern, dass dieses sehr reichhaltige Werk wegen der Sprache, in welcher es geschrieben ist, so wenig Verbreitung hat finden können.

[2]) Primit. polit. economy. Edinb. review 1847.

mehr gekauft werde, als demselben vorkauft werde.¹) Schliesslich wird der Rath ertheilt, an Stelle der verruchten privaten Geldwechsler wieder das in früherer Zeit bestandene Amt eines einzigen Königlichen Geldwechslers herzustellen.

Eine weit bemerkenswerthere Erscheinung ist das hierauf von Edward Misselden verfasste Werk²), das Professor Janschull als bedeutendste ökonomische Arbeit aus dem ersten Viertel des 17. Jahrhunderts bezeichnet. Hier wird der Handel schon als innere Ursache der materiellen Blüthe eines Landes aufgefasst. Daher müsse man die Endursachen ausfindig machen, von welchen die Blüthe und der Verfall des Handels abhängen. Der Handel erstrecke sich auf zwei Materien: auf eine künstliche und eine natürliche. Die natürliche Materie des Handels ist die Waare; die künstliche Materie ist das Geld, welches den Titel erhalten habe: sinews of war(re) and of state. Obgleich der Natur nach Geld in einer späteren Zeit als die Waare erscheint, so ist es doch durch seine Verwendung jetzt zur Hauptsache geworden.

So wie der alte Jakob den jüngsten Sohn zuerst gesegnet und ihn damit zum ältesten gemacht habe, so hat auch das jüngere Geld die erste Rolle eingenommen.³)

Die Ursachen des Geldmangels in England sind theils direkter, theils indirekter Natur. „Die allgemeine entferntere Ursache unseres Mangels an Gold ist der grosse Excess dieses Königreichs im Konsum der Waaren fremder Länder; hierdurch werden wir eines ebenso grossen Schatzes beraubt, der sonst an der Stelle dieser nich-

---

¹) Die Anschauung, dass dem Auslande weniger abgekauft als demselben verkauft werden müsse, kommt sporadisch und ohne dass weitere Folgerungen daraus gezogen wurden, schon in sehr früher Zeit vor. Richard II. soll bei einer in Folge von Hungersnoth ausgebrochenen Unruhe sich an die city von London mit der Frage gewandt haben, welche Maassregeln zu ergreifen sein, um dem drohenden Untergang des Englischen Wohlstandes entgegenzuwirken und hierauf folgende Antwort erhalten haben: „We must contrive to buy less of the foreigner, then we sell to the foreigner." Primit. pol. economy l. c.

²) „Free trade or the means to make trade florish; wherein the causes of the decay of trade in this kingdom are discovered and the remedies also to remove the same are represented 2d edition 1622. Dieses Werk findet sich weder bei Roscher, noch bei Kautz citirt, da Beide nur das kleinere Werk Misseldens: the circle of commerce 1623 anführen. Marx, „Zur Kritik der politischen Oekonomie" citirt mehrfach Stellen aus diesem Werk Misseldens. Die Englischen Nationalökonomen Travers Twiss und M'Culloch nennen das Buch ebenfalls nicht.

³) Cfr. Marx, Zur Kritik der politischen Oekonomie, S. 103—105.

tigen Dinge (toys) importirt worden wäre."[1]) Als solche nichtige Dinge werden dann die spanischen Weine, sowie die Weine aus Frankreich, dem Rheinland und der Levante, die Rosinen und Korinthen aus letzterem Lande, die Leinwand und Kambrics aus Hainault, die Seidenzeuge aus Italien, endlich die ostindischen Gewürze bezeichnet. Alle diese Dinge seien kein absolutes Bedürfniss und würden doch mit hartem Gelde bezahlt. „Je mehr der Vorrath an Waaren wächst, um so mehr nimmt der als Schatz (in treasure) existirende ab."

Ein Staat, sagt daher Misselden, müsse einem Familienvater gleichen, der mehr verkaufen als kaufen solle, nach dem weisen Rathe Catos: patrem familias vendacem non emacem esse oportet; im anderen Falle werde er in Verschuldung gerathen. Die besonderen Ursachen des Geldmangels sind die unablässigen den Handel störenden Kriege, das Seeräuberwesen[2]) und der ununterbrochene Abfluss des Edelmetalls nach Ostindien.

Alle diese Uebel rührten daher, dass der Staat entweder eine zu grosse Anwendung der Gesetze (use of law) oder eine zu geringe Anwendung derselben ausübe. Zuviel würden die Gesetze angewandt in den weitläufigen und zeitraubenden Proceduren der Gerichtshöfe. Ungenügende Anwendung der Gesetze werde durch die Ausfuhr der für die Industrie nothwendigen Rohstoffe, durch die Zunahme des

---

[1]) Misselden macht ein Wortspiel auf commodities (Waaren) in dem er sagt, die commodities der Ausländer erweisen sich uns als discommodities, da sie uns unseres Geldes berauben.

[2]) Piraterie wurde unter Elisabeth namentlich von den Engländern selbst getrieben, die mitten im Frieden Spanische Schiffe plünderten. Lords und Gentlemen betheiligten sich dabei; der Spanische Gesandte führte darüber bei Elisabeth vergeblich Klage. Froude ist der Ansicht, dass ungeachtet der unausgesetzten Klagen der Spanischen Regierung, Elisabeth und ihre Staatsmänner das Piratenwesen unter der Hand begünstigten, sogar Englische Kriegsschiffe plünderten spanische Kauffahrteifahrzeuge mitten im Frieden. Ebenso wurden die Holländischen Fischerböte von den Engländern fortgesetzt überfallen und ausgeraubt. Der Spanische Gesandte in England überreichte der Königin ein Schriftstück, in welchem es hiess: „Eure Seeleute berauben die Unterthanen meines Königs auf dem Meere und führen selbst dort Handel, wo er ihnen verboten ist; sie plündern die Spanier auf den Strassen Eurer Städte (!); sie überfallen unsere Fahrzeuge in ihren eigenen Häfen und führen sie mit sich fort. Endlich schmähen Eure Prediger in jeder Weise von der Kanzel aus meinen Herren, und wenn wir uns an die Gerichtshöfe wenden, so antwortet man uns mit Drohungen." (Froude, history of England VIII., 437—467, 482.) Janschull l. c. S. 66.

Wucherwesens und durch den überhandnehmenden Luxus erwiesen. Die Verschwendung ist die Viper und das Wucherwesen ist der Krebs, der an diesem Lande zehrt. Daher sollen strenge Luxusverbote, namentlich gegen den Gebrauch des Tabaks erlassen werden. Schliesslich [bekämpft Misselden die allzu zahlreichen Handelsmonopole und Privilegien, da nur diejenige Beschränkung der allgemeinen Freiheit statthaft sei, die durch die Stiftung eines allgemeinen Nutzens hierfür Entschädigung bietet.

Da Misselden nun in dem genannten Werke den Wunsch Malynes' nach Widerherstellung des Königlichen Wechsleramtes auf höchst persönliche Motive des Letzteren zurückführen wollte,[1]) so antwortete Malynes in einer 1622 erschienenen Schrift auf diesen Angriff.[2]) Der Streit scheint sehr leidenschaftlichen Ausdruck angenommen zu haben, obgleich die beiden Gegner in der Grundauffassung vollkommen übereinstimmten. Malynes war nur ein noch entschiedenerer Anhänger, als Misselden, der Lehre von der Nothwendigkeit, keine Münze in das Ausland abfliessen zu lassen. Diesen Zweck will er u. a. dadurch erreichen, dass die Preise der Landesprodukte erhöht und ihr Absatz im Auslande zugleich vergrössert werden soll. Dazu soll den Kaufleuten verboten werden, durch Wechsel Zahlungen ins Ausland anders, als mit jedesmaliger besonderer Erlaubniss zu machen, wie das in der alten guten Zeit der Fall gewesen war (s. S. 58: Ueber das Amt des exchanger royal).[3]) Misselden verfasste eine Erwiderung[4]) auf diesen Angriff, die namentlich deshalb interessant ist, weil sie den Versuch macht, ziffermässige Daten über den englischen Handel zu geben. Der Verfasser berechnet den Werth der Handelsausfuhr und -einfuhr, indem er den

---

[1]) Misselden warf Malynes vor „that he had worn his theories till they were as threadbare as his coat"; Malynes war nämlich durch ein unvortheilhaftes Geschäft zur Kupfermünzung mit der Königlichen Münze verarmt.

[2]) G. Malynes: the maintainance of Free trade, according to the three essential parts of traffique 1622.

[3]) In derjenigen Zeit (bis Elisabeth), in welcher Wechsel nur durch Vermittelung des exchanger royal negotiirt werden durften, konnten auch die Pilger nach Rom und den heiligen Stätten nur dann Wechsel erhalten, wenn die Wechselaussteller dem königlichen Schatzamte Bürgschaft leisteten, dass sie innerhalb einer bestimmten Frist ein Cargo exportiren würden, das dem Werthe nach dem vollen Betrag des Geldes gleich käme, das ihnen die Pilger für den ausgestellten Wechsel gegeben hatten.

[4]) E. Misselden: the circle of commerce or the balance of trade in defence of free trade 1623.

Betrag der Zollabgaben als den 20sten Theil des Werthes jeder Waare annimmt und durch Multiplikation der Zolleinnahmen mit der Zahl 20 die Summe des Ausfuhr- und Einfuhrwerthes erhält. Hiernach hat unter Eduard VI die Ausfuhr einen Mehrwerth von 225 000 Pfund Sterling über den Werth der Einfuhr gehabt; unter Jacob I bis zum Jahre 1613. habe dieser Mehrwerth 346 000 Pf. St. betragen; aber in den Jahren 1621—22 sei die Einfuhr um volle 298 000 Pf. St. mehr werth als die Ausfuhr gewesen, was nach den Worten des Autors den Verfall des Handels — under-balance — beweise. Hiergegen könnte nur das Verbot der Ausfuhr der Rohwolle, die Erhöhung des Zolls auf die Einfuhr und die anderen von ihm empfohlenen Maassregeln Abhülfe schaffen.

Malynes veröffentlichte hierauf noch einmal eine Antwort,[1]) die aber nichts Neues zu Tage förderte, und hiermit endigte dieser Streit, der wohl schon deshalb einer Erwähnung werth sein dürfte, weil er das erste von der Geschichte überlieferte Beispiel einer literarischen Polemik auf ökonomischem Gebiete bildet.

Schon zwanzig Jahre vor dem Beginn der hier geschilderten Polemik war ein Buch erschienen, das die in der Praxis des 16ten Jahrhunderts auf ökonomischem Gebiete herrschenden Anschauungen theoretisch entwickelte und klar legte und eben damit, wie es eine jede Theorie, die den Anforderungen ihrer Zeit gerecht wird, thut, in manchen Stücken über die Begriffsentwickelung dieser Generation hinausgeht und eine erst später zur allgemeinen Geltung kommende Auffassung der wirthschaftlichen Verhältnisse anbahnt. Es ist das Werk William Stafford's, 1581 erschienen.[2])

Stafford giebt seiner Darstellung die Form eines Dialoges zwischen einem Ritter (Grundbesitzer), einem Farmer, einem Kaufmann nnd einem Doctor der Theologie. Die eigentlich theoretischen Schlussfolgerungen aus den, dem praktischen Leben entnommenen Bemerkungen der ersten drei Personen werden dem Doctor in den Mund

---

[1]) G. Malynes: the Center of the circle of commerce 1623.

[2]) A compendious or briefe examination of certayne ordinary complaints of divers of our countrymen in these our dayes, which, allthough they are in some part unjust and frivolous, yet are they all by way of dialogues thoroughly debated a. discussed; by W. S. Gentleman; imprinted 1581. Inhaltsangabe bei Travers Twiss l. c. S. 17 u. ff.; cfr. ferner Roscher, „Zur Geschichte der Englischen Volkswirthschaftslehre" und Nasse, Tübinger Zeitschrift XIX Band, S. 388. Janschull l. c. S 38—50.

gelegt, sodass wir in seinen Aussprüchen die Ansicht Staffords ausgedrückt vermuthen müssen.[1])

Was die uns hier beschäftigenden Fragen anbelangt, so finden wir in den Aeusserungen des Doctors die Prinzipien des nachmahligen Handelsbilanzsystems bereits entwickelt. Es muss hierbei besonderes Gewicht auf die Bevorzugung gelegt werden, welche der Doctor allen für den Export arbeitenden Gewerben angedeihen lassen will. Alle Erwerbszweige werden in drei Gattungen eingetheilt: in solche die Geld (treasure) aus dem Lande ausführen, wie die Gewürzhändler, Weinimporteure etc.; in solche welche das im Lande erworbene Geld daselbst wieder ausgeben, und somit nur eine inländische Circulation bewirken; endlich solche, die dem Lande Schätze erwerben. Diese letzteren, als welche Tuchmacher, Mützenfabrikanten, Wollproducenten, Färber und Gerber genannt werden, sind die Einzigen, die Geld ins Land bringen. Diese letzteren Erwerbszweige vor Allen sollen befördert und dort, wo sie noch nicht existiren, begründet werden. Hier ist also der Uebergang von der mittelalterlichen Idee, den Unterhalt aller Staatsangehörigen zu sichern zur **handelspolitischen Idee: die für den Export arbeitenden Gewerbe in erster Reihe zu schützen und zu fördern**, gegeben.

Vorher schon hat der Doctor die prinzipielle Forderung aufgestellt, dass keine Waare, die aus inländischen Rohstoffen gefertigt werden könne importirt werden solle, **damit der Gewinn an der Arbeit im Lande bleibe**. Hiermit ist das Prinzip der Handelsbilanzlehre aufgestellt. Dieser Ideenkreis wird noch dadurch vervollständigt, dass der Doctor verlangt, die Ausfuhr der zur Weiterverarbeitung erforderlichen Rohstoffe, wie Wolle, Zinn, Felle u. a. solle verboten werden. Vor Allem aber betont der Doctor müsse der Import unnützer Dinge verhindert werden, da für dieselben entweder grosse Schätze dem Auslande ausgezahlt werden müssen, oder **andere nothwendige Dinge exportirt werden**, die unter anderen Umständen beim Exporte ihrerseits Schätze ins Land bringen würden.

---

[1]) Wir geben hier bei Stafford, wie bei den anderen Schriftstellern, nur den Inhalt derjenigen Lehren desselben an, die zu unserem Thema in Beziehung stehen. Im Uebrigen wäre bei Stafford hervorzuheben, dass er der Erste war, der den Satz hinstellte, dass im Gelde der innere Werth und nicht sein Name geschätzt werde: „the substance and quantity is esteemed in coin and not the name." Janschull l. c. S. 80. So sagt auch der Autor der Schrift: Primitive political economy l. c.: „Der Irrthum, dass die königliche Münzung dem Geldstücke einen beliebigen Werth verleihen könnte, existirte bis zur Zeit Elisabeths und Stafford war der erste Engländer der ihn widerlegte."

Hier tritt der theoretische Unterschied hervor, den die ersten Oeconomisten zwischen Dingen von bleibendem Werthe, worunter namentlich Geld verstanden wird und Dingen, die zum Consum bestimmt sind, machen.[1]) Nur die Dinge, die einen unconsumirbaren Werth besitzen, sollen das Ziel der ökonomischen Thätigkeit des Landes bilden; die vergänglichen consumirbaren Dinge haben nur insofern einen Werth, als sie für jenen unvergänglichen Reichthum (treasure) austauschbar sind.[2]) In dieser theoretischen Unterscheidung, die bis Steuart bei den Oekonomisten zu finden ist, tritt die erste rohe Form des begrifflichen Gegensatzes von Gebrauchswerth und Tauschwerth hervor.

Stafford illustrirt diese begriffliche Unterscheidung durch ein überaus charakteristisches Beispiel. „Ich wünsche, heisst es daselbst, dass wir dem Beispiel der Stadt Carmathen in Wales folgten."

Als in den Hafen dieser Stadt einst ein Schiff mit einer Fracht Aepfel gelangte, während früher dieses Fahrzeug gutes Getreide gebracht hatte, so verbot der Stadtmagistrat allen Einwohnern unter Androhung schwerer Strafe diese Aepfel zu kaufen. Das Schiff stand lange im Hafen, die Aepfel begannen zu verfaulen, bis endlich der Besitzer sich an den Bailiff wandte und um Erklärung des Verbotes nachsuchte. Der Bailiff antwortete, dass das Schiff in den Hafen

---

[1]) So sagt auch Lord Bacon in dem 1616 geschriebenen „advice to Sir George Villiers" (späteren Duke of Buckingham): „In the importation of foreign commodities let not the merchant return toys and vanities, as sometimes it was elswhere apes and peacocks, but solid merchandise first for necessity, next for pleasure but not for luxury."

[2]) Marx, Zur Kritik etc., sagt bei Beurtheilung der relativen Wahrheit des Merkantilsystems: „Um sich des Ueberflusses in seiner allgemeinen Form zu bemächtigen, müssen die besonderen Bedürfnisse als Luxus behandelt werden" (S. 107). Cf. auch im ersten Capitel dieser Schrift die aus Locke citirten Stellen. Auch Petty macht in seiner „political arithmetic" auf den Unterschied von vergänglichen d. h. consumirbaren und von unconsumirbaren Waaren aufmerksam, unter welchen letzteren er Gold und Silber am höchsten stellt, weil diese Dinge zu allen Zeiten und an allen Orten als Reichthum geschätzt werden, während andere Güter (Waaren) nur Reichthum wären pro hic et nunc. — An diesem Punkte der merkantilistischen Anschauungsweise begreift sich der Zusammenhang der gegen den Goldexport eifernden Vorschriften mit den alten zunächst aus sittlichen Erwägungen hervorgegangenen Verboten gegen den Luxus im Gebrauch von Fremdwaaren — wodurch sowohl die Hoffahrt befördert als das Geld aus dem Lande gezogen werde. Cf. Ausspruch Luthers über die Messe zu Frankfurt „Das Silber- und Goldloch dadurch aus deutschen Landen fleusset was nur quillet und wächset etc. Roscher, Geschichte etc. S. 63.

gekommen sei, um die besten Waaren aus Wales zu holen: Tuch, Wolle etc. Als Entgelt dafür würden aber nur Aepfel gegeben werden, die in weniger als einer Woche verzehrt und vernichtet sein würden. London, Southampton, Bristol und Chester, schliesst der Erzähler, sollten sich ein Beispiel an dieser armen Stadt in Wales nehmen, und den Schiffen, die mit Orangen, Kirschen u. s. w. kommen, nur dann freien Tauschverkehr gewähren, wenn sie Erdbeeren und Pflaumen dagegen nehmen wollen. „Wenn sie aber unsere Wolle, Tuche, Korn — — ja sogar unser Gold und Silber (and such substantial and necessary things) haben wollen, so sollen sie dafür ihrerseits bringen: Flachs, Theer, Fische (!) und ähnliche Waaren".

Aus dieser Erzählung Staffords ergiebt sich, dass derselbe bei theoretischer Ueberlegung keineswegs Geld als einzigen bleibenden Tauschwerth allen anderen Dingen gegenüber stellt[1]); die Versuchung liegt sogar nahe zu meinen, es solle hier blos eine Unterscheidung zwischen nützlichen und Luxuswaaren gemacht werden. Bei der ausserordentlichen Werthschätzung des Edelmetalls aber, das kurzweg treasure genannt wird, und ferner bei der Unmöglichkeit eine abgrenzende Unterscheidung zwischen „nützlichen" und „unnützen" Dingen aufzustellen, geht dennoch durch die ganze Auffassung Staffords die Idee hindurch, dass Geld der einzige bleibenden Tauschwerth besitzende Gegenstand sei, und allein den Reichthum der Volkswirthschaft vermehren könne. —

Zur Vervollständigung des Bildes der Entwickelung, welche die später in der Handelspolitik aller Staaten herrschenden Ideen bei Stafford bereits erreicht hatten, muss noch hervorgehoben werden, dass in dem genannten Werke zwei Gedanken angedeutet werden, die später eine grosse Rolle zu spielen berufen waren. Stafford lässt einen Papierfabrikanten erzählen, dass Schreibpapier in England nicht fabricirt werden könne, weil es nicht möglich sei, dasselbe zu so billigem Preise herzustellen, wie das aus dem Auslande importirte Papier. „Aber ich bin überzeugt, fügt der Kaufmann hinzu, dass wenn die Papiereinfuhr verboten oder nur mit einem höheren Zoll

---

[1]) Adam Smith bemerkt, dass einige der besten englischen Schriftsteller über den Handel von der richtigen Erkenntniss ausgegangen wären, dass der Reichthum eines Landes nicht in dessen Gold und Silber allein, sondern in dessen Ländereien, Häusern und Gebrauchswaaren bestehe; im Laufe der Untersuchung aber scheinen diese Dinge ihrer Untersuchung zu entschlüpfen und die Schlusswendung ihrer Beweisführung gipfelt in der Annahme, dass aller Reichthum in Gold und Silber bestehe; inquiry u. s. w. B. IV, Cap. I am Schluss.

belegt würde, so würde man bald bei uns billigeres Papier anfertigen, als das ausländische ist."

Ferner hebt Stafford die Vorzüge einer Industrie mit Ackerbau verbindenden Volkswirthschaft vor einem blossen Ackerbaustaat hervor. „Wenn man auch die Möglichkeit, dass alle von dieser einzigen Beschäftigung (dem Ackerbau) leben könnten, zugeben wollte, — in welche abhängige Lage würde der Staat dann gerathen? Nach einigen Jahren kann ein Krieg oder eine besonders reiche Erndte im Auslande vorfallen, das Getreide wird nicht verkaufbar sein, und die Einwohner werden beschäftigungslos bleiben und genöthigt sein, ein elendes Dasein zu fristen".

Aus der ganzen Darstellung Staffords geht deutlich hervor, dass die wirthschaftliche Lage Englands eine überaus gedrückte und nothleidende war. Es war eben die Uebergangszeit aus der bedürfnislosen und daher selbstgenügsamen Volkswirthschaft des Mittelalters zu einer Periode, wo der Tauschverkehr mit der Aussenwelt immer neue Güter in diesen bis dahin abgeschlossenen Kreis brachte, und damit neue Bedürfnisse und neue Productionsmittel zur Befriedigung dieser Bedürfnisse wach rief. Es kann nicht hier unsere Aufgabe sein, das Gegenbild dieser Entwickelung des internationalen Tauschverkehrs in der Entwickelung der inneren socialen Fragen zu zeichnen. Aber die beiden Erscheinungen stehen in innerer Abhängigkeit von einander.

Indem die mittelalterlichen Verbände, mit ihrer von Berechtigungen und Verpflichtungen beherrschten Production sich lösten, wurde das Streben nach Production von Tauschwerthen für den internationalen Verkehr erst möglich, und in demselben Maasse als sich dieser internationale Verkehr entwickelte, musste der Uebergang aus der mittelalterlichen Wirthschaftsweise zu moderneren Productionsformen beschleunigt werden. Speciell in England trat diese vom internationalen Tauschverkehr beherrschte sociale Frage in der Umwandlung von Ackerbaufeldern in Weiden — zur Schaafzucht für den Wollexport — hervor. Daher entsteht gleichzeitig mit der ersten handelspolitischen Literatur eine literarische Behandlung der socialen Probleme,[1]) und auch Staffords Werk wird von der Idee geleitet, diesen sich entwickelnden modernen Missständen Abhülfe zu schaffen. Dieses Vorhandensein eines drückenden socialen Nothstandes, ebenso

---

[1]) Siehe bei Roscher, „Zur Geschichte der Englischen Volkswirthschaftslehre", wo die mit der handelspolitischen parallel gehende sociale Literatur angegeben ist; Latymer, Morus u. s. w. Ueber Thomas Morus cfr. Hildebrand, die Nationalökonomie der Gegenwart und Zunkunft S. 100—103.

wie die ärmliche und unentwickelte Lage der gesammten Volkswirthschaft sollte nie aus dem Auge gelassen werden, wenn man über die ökonomischen Anschauungen der sog. Merkantilisten ein Urtheil fällen will. Sie standen einer Volkswirthschaft gegenüber, in welcher der vorhandene Reichthum gering, die Production von Tauschwerthen erst im Entstehen begriffen war, und in welcher endlich, was nicht zu vergessen ist, das Interesse und die Aufmerksamkeit der Staatsmänner und des Publikums für ökonomische Dinge erst wach gerufen werden musste. Eine bedürfnisslose und daher träge und vom vielberufenen „Selbstinteresse" in keiner Weise zur Thätigkeit angespornte Bevölkerung musste erst zur Arbeit und zu einer **gewissenhaften Production** herangezogen werden. Waren die Mittel kleinlich und eng, die für diese Leitung der Volkswirthschaft vorgeschlagen wurden, so waren die socialen Verhältnisse auf welche sie angewandt werden sollten ebenfalls noch roh und unentwickelt, und durchaus nicht in der Lage die Enge der politisch-ökonomischen Maassregeln zu empfinden.

Den einen Ruhm wird man den bisher angeführten alten National-Oekonomen und ihren nächsten Nachfolgern jedenfalls lassen müssen, dass sie ihre Auffassung der ökonomischen Verhältnisse und ihre Forderungen an die Staatspolitik stets leiten liessen von dem Gesichtspunkte des allgemeinen nationalen Wohles. Hatten sie sich von der mittelalterlichen stofflichen Verehrung der Geldmaterie nicht frei machen können, — ihre Auffassung von der Unterordnung aller Einzelinteressen unter das Interesse der Gesammtheit war echt modern. Sie hatten eine wirkliche Staatswirthschaft im Auge und so gross ihre Irrthümer vom Standpunkte der heutigen Erkenntniss sind, darin waren sie wahrhafte Nationalökonomen, dass sie nie vergassen, dass die Entwicklung und das Wohl der Gesammtheit von anderen Bedingungen abhängig sind, als die Vortheile und die Nachtheile des einzelnen Staatsangehörigen. —

IV. Capitel.

Die Englische Handelsbilanztheorie.

Unter der Regierung Elisabeth's hatte eine bedeutende Zunahme der Beziehungen der englischen Volkswirthschaft zum Auslande stattgefunden. Während in Frankreich der erste Staatsmann, der ökonomische Ziele ins Auge fasste, Sully, das Verkehrs- und Absatzgebiet des Landes auf die eigenen Grenzen zu beschränken strebte, und den gesammten auswärtigen Handel als Ursache der schädlichen Geldausfuhr mit scheelem Blicke betrachtete, war England durch seine insulare Lage und den seefahrenden Unternehmungsgeist seiner Bewohner frühzeitig zu Versuchen gelangt, seine wirthschaftlichen Kräfte auf andere Gebiete auszudehnen.[1]

Der im Mittelalter in der Bildung von Korporationen und Verbänden so stark hervortretende Associationstrieb war auch auf diese modernen Erscheinungen des Erwerbslebens übergegangen und führte zur Begründung zahlreicher Handelscompagnien. Diese Handelsgesellschaften, die in einer späteren Zeit beim Erwachen der individuellen Freiheitsbestrebungen hart wegen ihrer Monopole und Privilegien angefeindet werden sollten, vertraten beim Beginn der Neuzeit den Fortschritt der wirthschaftlichen Entwickelung aus den beengenden Formen des Mittelalters zu einer freieren Bewegung des Verkehrs.

Diejenige Handelscompagnie, die am meisten dazu beigetragen, dem internationalen Verkehr eine neue Gestalt zu geben und die hierdurch direkt auf die Umwandlung der bis dahin geltenden volks-

---

[1] Aus einem Gesetze vom Jahre 1491 (7 Heinrich VII. c. 7) ergiebt sich, dass der Handel englischer Kaufleute nach Italien, bereits eine solche Ausdehnung erreicht hatte, dass die Einfuhr englischer Waaren daselbst zu verbieten für nöthig erachtet wurde; der englische König ergriff hierauf Repressivmaassregeln. Unter Heinrich VIII. wird sogar bereits ein Englischer Consul zum Schutze des Handels in der Levante ernannt; Ochenkowski l. c. S. 253.

wirthschaftlichen Ansichten Einfluss gehabt hat, ist die ostindische Compagnie, die im Jahre 1600 gestiftet wurde. Man darf behaupten, dass die Handelsoperationen dieser Gesellschaft die reale Veranlassung zur Entstehung der Handelsbilanztheorie gegeben haben. Es erwies sich bald als unumgänglich nothwendig, dass, wollte man anders den Handel mit Ostindien aufrecht erhalten, diese Compagnie das Recht besitzen müsse, eine gewisse Geldsumme jährlich nach Indien ausführen zu dürfen. In der That erhielt die Gesellschaft gleich bei ihrer Begründung dies Privilegium, 30,000 Pfund Sterling jährlich exportiren zu dürfen.

Der Königin Elisabeth also gebührt der Ruhm, zuerst sich von dem absoluten Verbot der Geldausfuhr losgesagt zu haben. Erst von dem Moment an, wo die Geldausfuhr nicht absolut untersagt, sondern, gleichviel unter welchen Bedingungen erlaubt war, konnte eine freiere Abwägung der Vortheile und der Nachtheile des Handels Platz greifen. Aus dieser Abwägung der beiden Seiten entstand die Theorie der Handelsbilanz. —

Sobald diese Thatsache des Geldexports allgemein bekannt wurde, so brach, wie es bei den herrschenden Anschauungen natürlich war, ein Sturm der Entrüstung gegen diese Untergrabung des öffentlichen Wohlstandes los.

Die Kaufleute der Compagnie, entweder selbst noch in den herrschenden Anschauungen befangen, oder von der Nutzlosigkeit einer weitergehenden Argumentation überzeugt, begnügten sich damit, ihre Gegner auf concrete Thatsachen hinzuweisen: auf die Gewinnste, die die Compagnie aus dem Handel zog, auf die Vortheile der Nation beim Verkauf von Wollstoffen, die nach dem Osten exportirt wurden, und auf die Preisersparung an Gewürzen und anderen indischen Produkten, die jetzt von der Gesellschaft direkt importirt wurden, während früher diese Waaren im Zwischenhandel von fremden Kaufleuten nach England gebracht worden waren.[1)]

Diese empirische Rechtfertigung der Handelsoperationen der ostindischen Compagnie musste indessen bald unter dem Stachel der Kritik ihrer Gegner zu einer Aufstellung von principiellen Gesichtspunkten führen, von welchen aus die Geldausfuhr für die Zwecke des Handels in einem neuen Lichte erscheinen sollte.

[1)] Nach Travers Twiss l. c., behandelt Sir Dudley Duggs in „the defence of trade" 1615 solche Fragen.

Diese theoretische Umwandlung der bisherigen wirthschaftlichen Anschauungen wurde von Thomas Mun vollzogen.[1])

Thomas Mun ist der erste systematische Begründer der Handelsbilanztheorie. Er war der hervorragendste Vertreter der Ansprüche der ostindischen Compagnie und brachte die sich langsam in der öffentlichen Meinung vollziehende Aenderung der Ansichten über das Wesen des Handels zum Abschluss.

Mun's Gedanken sind für die ökonomische Politik fast zweier Jahrhunderte bestimmend gewesen, und der Inhalt seiner Schriften ist daher unserer Aufmerksamkeit wohl würdig.

Mun's erstes Werk war nur mit der Chiffre T. M. gezeichnet, erschien im Jahre 1609 (2. Ausgabe 1621) und führt den Titel: „A Discourse on trade from England unto the East-Indies, answering to divers objections, which are usually made against the same."

In diesem seinem ersten Werke vertheidigt Mun die ostindische Compagnie gegen den Vorwurf, durch Geldausfuhr den Ruin Englands herbeigeführt zu haben. Zu diesem Zwecke verfolgt er die Operationen der englischen Kaufleute von dem ersten Stadium des Geldexports nach Indien bis zum letzten Stadium des Reexports der indischen Waaren nach dem Continent, um die dadurch bewirkte Ersetzung des ausgeführten Geldes zu erweisen. Wie eng und einseitig zu Mun's Zeiten die populairen Ansichten über den Handel waren, ergiebt sich daraus, dass Mun erst die Entdeckung machen musste, dass bei Untersuchung des Handelsverkehrs nicht bei dem ersten Prozesse stehen geblieben werden dürfe, sondern, dass das Endresultat in Betracht gezogen werden müsse.

Nachdem Mun unter Anführung von Ziffern den Beweis geführt hatte, dass der anfängliche Geldexport einen nachherigen desto grösseren Geldimport veranlasse, so hatte er seinen Zeitgenossen gegenüber die von ihm vertretene Sache glänzend gerechtfertigt. Im Uebrigen zeigt sich Mun in dieser Schrift noch völlig als ein Anhänger des alten Systems der Polizeimaassregeln zur Regulirung des

---

[1]) Ueber Thomas Mun cfr. Primitive Political Economy in England, Edinb. Review 1847. Janschull l. c. S. 74 ff. MacCulloch: introductory discourse to Adam Smith inquiry etc. pag. xx—xxv. Roscher, Zur Geschichte der Englischen Volkswirthschaftslehre S. 45 ff.; Held, Carey's Socialwissenschaft und das Merkantilsystem S. 26. Kautz, „Die geschichtliche Entwickelung der Nationalökonomie" I., S. 278; Travers Twiss, „View of the progress of Political economy in Europe since the XVI. century"; pag. 48 u. 53. Adam Smith, „inquiry u. s. w." IV. Buch, I. Cap. zu Anfang.

Geldumlaufs, und tritt namentlich für die Aufrechterhaltung der statutes of employment ein. In der Verletzung dieser Gesetze und Vorschriften sieht Mun die wirklichen Ursachen der wirthschaftlichen Uebel, unter denen England leide.¹)

Das zweite Werk Mun's führt den seinen, wesentlichen Inhalt gut bezeichnenden Titel: Englands Treasure by forraign trade or the balance of our forraign trade is the rule of our treasure. Es wurde erst nach dem Tode Mun's im Jahre 1664 von seinem Sohne herausgegeben, „for the common good", wie die Ueberschrift sagt. Dieses zweite Werk zeugt von einem grossen geistigen Fortschritt, den Mun's Ansichten seit der Abfassung seiner ersten Schrift durchgemacht. Er sagt sich hier von jeder polizeilichen Beaufsichtigung der einzelnen Kaufakte der Individuen los und richtet alle Aufmerksamkeit auf Maassregeln zur Leitung des Handels der Nation in seiner Gesammtheit. Mun verwirft hier die vorher von ihm vertheidigten statutes of employment und die alten Gesetze, welche den Exporteuren von Fischen, Getreide, Wolle etc. vorschrieben, den Erlös in baarem Gelde ins Land zu bringen; er verlacht die Furcht, dass das englische Geld von den Wechslern zu niedrig geschätzt werde.²)

Mun scheint bei Abfassung seines Werkes wohl von der Ueberzeugung durchdrungen gewesen zu sein, dass er im Begriffe stand, Jahrhunderte lang eingewurzelte Ansichten, die Nationen und Regierungen, bisher geleitet, umzustürzen, und er beginnt daher seine

---

¹) Nachdem Mun vom Ostindischen Handel bewiesen, „that it does not hurt this commonwealth" fährt er fort die wirklichen Ursachen aufzuzählen, „of those evils which we seek to chase away." Er nennt „four principal causes which carry away our gold and silver." „The first cause concerneth the standard; the second concerneth the exchanges of moneys with foreign countries, and the practice of those strangers here, in this realm, who make a trade by exchange of moneys. The third cause concerneth the neglect of duties" (Zölle). But what shall we think of those men, who are placed in authority and office for his Majesty, if they should not, with dutiful care discharge their trust concerning that excellent statute, (anno 17 Edward IV.) that all the moneys received by strangers for their merchandise shall be employed upon the commodities of this realm? the due performance of which would not only prevent the carrying away of much gold and silver, but also be a means of greater vent of our wares." (Cfr. die citirte Stelle im 3. Capitel dieser Schrift).

²) Mun verspottet hier die weit verbreitete Furcht vor den „necromantic tricks" der Geldwechsler.

Schrift in sehr feierlicher und selbstbewusster Weise mit einer Ansprache an seinen Sohn.[1]

Die leitende Idee des ganzen Werkes ist, dass der Consum ausländischer Produkte geringer sein müsse, als derjenige Theil der nationalen Produktion, der an das Ausland abgegeben wird. In dieser Formulirung der Lehre von der Handelsbilanz liegt zugleich der richtige Kern der Idee und die falsche Einschränkung derselben. Der richtige Kern ist abstrakter Natur und daher für alle Zeiten geltend; die falsche Einschränkung war von zeitlich-lokalen Bedingungen hervorgerufen worden. —

Der Gedanke der Handelsbilanz wäre unanfechtbar gewesen, wenn statt „Consumtion ausländischer Produkte" und „Produktion für den Export" die gesammte nationale Consumtion der Produktion gegenübergestellt worden wäre. Die nationale Consumtion muss geringer sein als die Produktion desselben Zeitraums — das ist ein allgemein gültiges Postulat für jede Volkswirthschaft. Dieser Satz kann aber nur von einer Zeit aufgestellt werden, in welcher die Möglichkeit des Ueberwiegens der Consumtion über die Produktion oder umgekehrt in jeder Branche der Volkswirthschaft gegeben ist. Das war so lange nicht der Fall, als noch ein Theil der Wirthschaft des Volkes in der Produktion von Subsistenzmitteln für den eigenen Bedarf bestand, und als somit der Verkauf und die Waare noch nicht Erscheinungen waren, die das ganze Wirthschaftsgebiet beherrschten, sondern nur in einzelnen Theilen desselben zur Geltung kamen. Dasjenige Gebiet, wo der freie Verkehr und der Waarenverkauf allein herrschten, war der internationale Handel; hier also war die Gefahr einer Mehrconsumtion, die die Produktion überwiegen konnte, vorhanden; und gegen diese Gefahr richtete sich die Handelsbilanzlehre. Um zu einer Erweiterung dieser Lehre auf die ganze Volkswirthschaft zu gelangen, hätten die alten Nationalökonomen die Einsicht besitzen müssen, dass durch eine etwaige Mehrconsumtion ausländischer Produkte möglicherweise eine solche Steigerung der inländischen wirthschaftlichen Kräfte hervorgerufen

---

[1] „My son, in a former discourse I have endeavoured, after my manner briefly to teach thee two things: the first is piety, how to love and serve thy country, by instructing thee in the duties and proceedings of sundry vocations, which either order, or else act, the affairs of the commonwealth; in which, as some things do especially tend to preserve and others are made apt to enlarge the same; So I am now to speak of money, which doth indifferently serve to both those happy ends. (Englands treasure by foreign trade etc. 1 ch.)

werden konnte, dass die anfängliche Mehrausgabe ersetzt und eine entsprechende Vermehrung der inländischen Produktion hervorgerufen werden würde. Um zu dieser Einsicht zu gelangen — dazu fehlte ihnen der Begriff des Capitals. **Das Capital ist die durch richtig geleitete Consumtion entstandene wirthschaftliche Kraft.**[1])

Dieser Begriff fehlte den Merkantilisten: sie kannten nur einen Consum, der die Gebrauchswerthe in ihrer Existenz vernichtete, und eine Aufbewahrung, resp. Umwandlung dieser Gebrauchswerthe in unvergängliche Tauschwerthe. Dieser unvergängliche als Schatz aufhäufbare Tauschwerth war Geld. Geld konnte ebensowohl zum Austausch gegen später etwa nöthig werdende Gebrauchswerthe verwandt werden, als dasselbe durch seine Circulation eine Vermehrung der Produktion dieser Gebrauchsgüter hervorzurufen schien. Damit war der Begriff des Capitals auf der ersten Stufe seiner Bildung angelangt; aber er blieb ein todter Begriff, so lange die belebende Kraft der Consumtion nicht erkannt war. Geld war die Larve, hinter der sich das Capital in seinen unzähligen gestaltenreichen Formen verbarg.[2]) Aber nach dieser engen, ihnen einzig und allein bekannten Form des Capitals strebten, ohne das Wesen desselben zu kennen, die Merkantilisten, wenn sie gegenüber der blossen Consumtion zur Ansammlung von Geld mahnten. —

Bei Mun, dem Ersten, der die Theorie der Handelsbilanz so systematisch entwickelte, dass er von der Gestaltung dieser Bilanz

---

[1]) Cfr. Wagner, Allgemeine oder theoretische Volkswirthschaftslehre (II. Ausgabe) S. 39; „Capital als rein ökonomische Kategorie unabhängig betrachtet von den geltenden Rechtsverhältnissen für den Capitalbesitz ist ein Vorrath solcher wirtschaftlichen Güter, — welche als technische Mittel für die Herstellung neuer Güter — dienen können. — Diese Güter können auch zur unmittelbaren Bedürfnissbefriedigung — also insofern als Gebrauchsvermögen — aber, wenn sie Capital sein sollen, nur für solche Menschen dienen, welche während dieser Bedürfnissbefriedigung arbeiten, bezw. durch letztere in den Stand dazu gesetzt sind (z. B. Nahrungsmittel der Arbeiter)."

[2]) Dieser Irrthum der merkantilistischen Oekonomen kann auch so bezeichnet werden, dass dieselben nicht jede Arbeit überhaupt als Quelle des Reichthums erkannten, sondern nur diejenige Arbeit die direkt, oder indirekt durch Austausch ihrer Produkte, Gold und Silber produzirte. Marx, (zur Kritik der politischen Oekonomie S. 35) sagt: „Der Gegensatz zwischen wirklich nützlicher Arbeit und Tauschwerth setzender Arbeit bewegte Europa während des 18. Jahrhunderts in der Form des Problems; welche besondere Art wirklicher Arbeit die Quelle des bürgerlichen Reichthums sei? So war vorausgesetzt, dass nicht jede Arbeit, die Gebrauchswerthe schafft, deshalb schon Reichthum schafft."

alle übrigen Erscheinungen des Wirthschaftslebens, seine Gewinnste wie Verluste abhängig macht, werden diese Ideen, wie folgt, ausgedrückt: „Obgleich ein Königreich durch erhaltene Geschenke oder durch Raub von Waaren reich werden kann, die es anderen Nationen fortnimmt, so sind das Dinge, die unsicher und, wenn sie sich ereignen, von geringer Bedeutung sind. Daher sind die ordentlichen Mittel, um unseren Wohlstand und unseren Schatz zu vermehren im ausländischen Handel (zu finden); hierbei müssen wir die Regel beobachten, jährlich den Fremden mehr zu verkaufen, als wir von dem ihrigen an Werth consumiren.[1]) Denn, nehmen wir an, dass dieses Königreich reichlich ausgestattet ist mit Tuch, Blei, Zinn, Fischen und anderen einheimischen Gebrauchsgütern (commodities) und dass wir jährlich den Ueberschuss nach fremden Ländern exportiren zum Werthe von 2 200 000 Pfund St., so werden wir hierdurch im Stande sein, jenseits des Meeres zu kaufen und zu importiren, fremde Waaren für unseren Gebrauch und Consum zum Werthe von 2 000 000 Pfund St.: durch gehörige Beobachtung dieser Regel in unserem Handel, können wir versichert sein, dass das Königreich jährlich reicher werden wird um 200 000 Pfund, die zu uns kommen müssen, als eben so grosser Schatz, deshalb weil derjenige Theil unseres Vorraths (stock), der nicht in Waaren uns erstattet wird, nothwendigerweise zu uns als Schatz zurückgelangen muss" (2. Capitel).

Hierauf weist Mun auf diejenigen Mittel hin, welche zur Verringerung der Einfuhr und Vermehrung der Ausfuhr dienen können. Namentlich müsse man sich bemühen, die Einfuhr gewisser nothwendiger Lebensbedürfnisse, wie Flachs, Hanf, Taback u. s. w. durch eigenen Anbau derselben zu verringern und ferner sich einer überflüssigen Verwendung fremdländischer Waaren, die zur Nahrung und Kleidung dienen, zu enthalten. Nur die Einfuhr derjenigen Waaren,

---

[1]) Diese hier von Mun entwickelte Idee der Handelsbilanz ist wie wir oben gesehen haben allerdings schon von seinen Vorgängern mehr oder minder klar erkannt und ausgesprochen worden; er war aber der Erste der diese Idee seinem ganzen Systeme als Prinzip zu Grunde legte und Folgerungen daraus, wie aus einem gefundenen Gesetze des Wirthschaftslebens ableitete. Zerstreute merkantilistische Sätze kommen u. a. auch bei Lord Bacon vor, der im „advice to Sir George Villiers" 1616 schreibt: „This realm is much enriched of late years by the trade of merchandise which the English drive in foreign parts; and if it be wisely managed, it must of necessity very much increase the wealth there of; care being taken, that the exportation exceed in value the importation; for then the Balance of trade must of necessity be returned in coin and bullion.

die wie Baumwolle, Indigo etc. wieder reexportirt werden, ist vortheilhaft; hierher gehören namentlich die Indischen Waaren, durch deren Wiederverkauf die Engländer weit grösseren Gewinnst machen, als die Inder selbst beim ersten Verkauf. Mun stellt hier den durch Adam Smith Citat[1]) bekannt gewordenen Vergleich des Geldexporteurs mit einem Saemann auf, der auch werthvolle Dinge in den Boden werfe, um nachher desto grösseren Gewinn zu erndten.

Wie weit Mun schon von der rohen Vergötterung des Edelmetallstoffes entfernt ist und im Gelde vielmehr nur die belebende Kraft der Production erblickt, geht daraus hervor, dass er bei Vertheidigung der Nützlichkeit der zeitweiligen Geldausfuhr sagt: „Geld erzeugt den Handel und der Handel vermehrt das Geld". „Daher, je mehr Geld man in den Umlauf bringt, desto besser ist es. Wenn wir, nach Gewinnung einer gewissen Geldquantität im Handel, beschliessen würden dieselbe im Lande festzuhalten, würde das die anderen Nationen veranlassen, von unseren Waaren mehr als bisher zu consumiren? würde dadurch unser Handel erweitert werden? Gewiss nicht — eher darf das Gegentheil erwartet werden, weil Alle übereinstimmen werden, dass der Ueberfluss an Geld in einem Lande die einheimischen Producte für die Ausländer theuer machen wird, so dass letztere ihren Consum einstellen werden." Daher ersetzen die Italiener das Geld im Inlande durch Wechsel und Banken und nutzen ihre Reichthümer im Auslande aus. (Cap. IV.)

Bemerkenswerth für die Umwandlung der Anschauungen ist ferner, dass Mun gegen die Einfuhrverbote ausländischer Waaren auftritt, weil diese ohne Zweifel zu Repressivmaassregeln seitens der Ausländer führen würden. (Cap. X.)

Der Gegensatz der neuen handelspolitischen Ziele gegenüber der mittelalterlichen Abschliessung der Volkswirthschaft spricht sich auch darin bei Mun aus, dass er für Ermässigung der Ausfuhrzölle eintritt, um so den Export der britischen Waaren zu vermehren.[2])

Nachdem Mun den Zusammenhang des Wechselkurses mit der Handelsbilanz gezeigt hat, setzt er auch die Staatsfinanzen zu seiner leitenden Idee in Beziehung und behauptet, der König dürfe jährlich keinen grösseren Schatz aufhäufen, als die Handelsbilanz in demselben Jahre Geld in's Land gebracht habe (Cap. XVII und XVIII).

---

[1]) Adam Smith, „Inquiry" b. IV. ch. 1 zu Anfang.
[2]) Janschull bemerkt l. c. S. 79, dass schon vor dem Erscheinen des Mun'schen Werkes im Jahre 1641 Henry Robinson in einer Schrift „Englands safety in trades increase" die Ermässigung der Ausfuhrzölle verlangt habe.

Uebrigens weiss Mun sehr wohl, dass zur genauen Berechnung der Handelsbilanz die blosse Vergleichung der Ausfuhrwerthe mit den Einfuhrwerthen durchaus ungenügend ist; diese Berechnung kann nur dann richtige Resultate ergeben, wenn die nach Rom gesandten Abgaben, die etwa vorgefallenen Schiffbrüche etc. in Anschlag gebracht werden; ferner sollen zum Werthe der Exporte, falls sie auf Englischen Schiffen verladen wurden, 25 pCt. als Frachtverdienst hinzugeschlagen, und, unter der gleichen Bedingung, vom Werthe der Importe 25 pCt. abgerechnet werden (Cap. XX).

Dieser Punkt ist bemerkenswerth, weil er die Widerlegung der oft vorgebrachten Behauptung enthält, als hätten die Anhänger der Handelsbilanztheorie die Aus- und Einfuhrtabellen ohne jede Einschränkung ihren Berechnungen zu Grunde gelegt.

Wie fest aber Mun von dem Glauben an die Wahrheit des von ihm aufgestellten Princips durchdrungen war, ergiebt sich aus seinen wiederholten Versicherungen, dass einzig und allein dasjenige Geld, welches durch die Handelsbilanz gewonnen sei, im Lande bleiben könne und dasselbe wirklich zu bereichern im Stande sei. In dieser Ueberzeugung kämpft Mun gegen alle die polizeilichen Maassregeln des alten Régimes, die das Geld künstlich in's Land ziehen wollten, so auch gegen das statute of employment. Das Gesetz, sagt Mun, welches die Ausländer zwingen will, englische Waaren nur für baares Geld zu kaufen, „wird dem Königreiche am Schlusse des Jahres nicht einen Penny mehr einbringen: was zwangsweise auf dem einen Wege erlangt ist, muss auf einem anderen wieder hinausgehen, so dass bei uns nur das zurückbleiben wird, was gewonnen und dem Reichthume des Landes hinzugefügt worden ist, vermittelst des Ueberschusses (balance) im Handel." (Cap. XV.)[1]

Das müsse geschehen mit unumstösslicher Nothwendigkeit; ob nun die Wechselkurse hoch oder niedrig stehen, oder ob alle möglichen Versuche gemacht werden, um ein anderes Resultat herbeizuführen, — „alle diese Dinge können keinen anderen Einfluss auf

---

[1] Im 21. Capitel, dem Schlusscapitel des Buches, heisst es: „For so much treasure only will be brought in or carried out of a commonwealth, as the foreign trade doth over or under balance in value; and this must come to pass by a necessity beyond all resistance. So that all other courses which tend not to this end, howsoever they may seem to force money into a kingdom for a time, yet are they in the end, not only fruitless, but also hurtful: They are like to the violent floods which bear down their banks and suddenly remain dry again for want of water."

den Gang des Handels haben, als in diesem Buche gesagt worden ist." Das werde geschehen mit einer Nothwendigkeit, die über allem Widerstande stehe. — Diese Stelle ist bemerkenswerth, weil sie dafür spricht, dass Mun eine Ahnung von dem Vorhandensein einer natürlichen Gesetzmässigkeit hatte, die das ganze Wirthschaftsgebiet beherrsche und deren Wirkung nicht durch künstliche und kleinliche Mittel aufgehoben werden könnte.

Endlich muss hervorgehoben werden, dass Mun, wie die meisten Vor-Smith'schen Nationalökonomen, zwischen den Interessen des Staats und des Individuums wohl zu unterscheiden weiss. Mun sagt, der Staat gewinne in manchen Fällen dann am meisten, wenn der Privatmann am wenigsten gewinnt; er unterscheidet an einer Stelle drei durchaus verschiedene Interessen: den Vortheil des Staats, den Vortheil des Privatmannes und den des Fiskus; das erstere Interesse könne zum Schaden des zweiten, und das dritte Interesse zur Schädigung der beiden anderen durchgeführt werden. So gewinne aus dem Ankauf der ostindischen Waaren der Staat am meisten, während der Kaufmann bei diesem Handel — so behauptet Mun — nur kleine Gewinnste realisire. Ferner gewinne der Kaufmann dann, wenn er die eingeführte Waare möglichst theuer verkaufe, während der gesammte Staat dabei verliere.

Der Fiskus endlich würde bei einer Vermehrung der Einfuhr von Fremdwaaren durch die vergrösserte Zolleinnahme bereichert, während der Staat darunter leide. (Cap. VII.) —

Vergleicht man diese Ansichten Muns mit denjenigen, welche in der von uns skizzirten Periode der polizeilichen Beaufsichtigung jedes einzelnen Tauschactes und der strengen Geldausfuhrverbote herrschend waren, so wird man anerkennen müssen, dass Mun einen gewaltigen Fortschritt in der Erkenntniss des wirthschaftlichen Lebens bezeichnet, oder richtiger gesprochen, dass das wirthschaftliche Leben zu Muns Zeit sich bereits so weit entwickelt hatte, dass eine so erweitert und umfassende Theorie, wie diejenige Muns, entstehen konnte.[1])

Nach Adam Smith's Worten[2]) ist der Titel des Mun'schen Buches „Englands Schatz im Fremdhandel" zu einem grundlegenden Satze

---

[1]) Der Autor des Artikels „Primitive polit. econ." (Ed. Rev. 1847) sagt über Mun: „a gulf seperates him from the writers who first wielded our fresh vernacular literature."

[2]) Adam Smith, inquiry etc. Deutsche Uebersetzung von Loewenthal, I, S. 443.

der Volkswirthschaft nicht nur in England, sondern auch in allen anderen handeltreibenden Ländern geworden.

Auch Travers Twiss und Mac Culloch[1]) nennen Mun den Begründer des Merkantilsystems, das im Vergleich mit den früheren Vorurtheilen, die nicht den Namen „System" verdient hätten, einen grossen Fortschritt bezeichne. Deshalb muss auch gegenüber den Bestrebungen Roschers[2]) die von ihm in Betracht gezogenen National-Oekonomen der alten Englischen Schule von dem vermeintlichen Vorwurf des „Merkantilismus" rein zu waschen, betont werden, dass wenn man mit dem Worte „Merkantilsystem" anders einen bestimmten Sinn verbinden will, Mun als Merkantilist und als Begründer des Handelsbilanzsystems zu bezeichnen ist.

Anders stellt sich die Ansicht Helds[3]), der die Neigung für polizeiliche Maassregelung und Bevormundung als ein Hauptmerkmal des Merkantilismus (des kontinentalen) bezeichnet und daher Muns Polemik gegen solche kleinliche Beschränkungen in Gegensatz zu den vom Geiste des Polizeistaates durchdrungenen Schriften Klocks und Seckendorffs stellt. —

Bei dieser gewiss sehr richtig von Held betonten Opposition Muns gegen polizeiliche Beaufsichtigung des Verkehrs, ist aber nicht zu vergessen, dass in diesem Streben nach einem nur in seiner Gesammtgestaltung vom Staate geleitetem, nicht mehr polizeilich beengtem Verkehr, eben der grosse Fortschritt Muns gegenüber den Pratiquen des vor ihm herrschenden balance of bargain system beruht. Die von Held gekennzeichnete Periode der polizeilichen Bevormundung hatte England schon durchlebt und nahezu überwunden, als der erste Theoretiker der Handelsbilanzlehre auftrat und die letzten Reste des alten Systems bekämpfte.

In jener früheren Periode war Geld das einzige Ziel der ökonomischen Politik gewesen; seine Erlangung wurde durch die lästigste Beaufsichtigung des Verkehrs, durch kleinliche Polizeimaassregeln sicher zu stellen gesucht; ja selbst vor Erniedrigung des Münzwerthes schreckte man zur Vermehrung der Baarmittel nicht zurück.[4]) Mit

---

[1]) Travers Twiss l. c. S. 53. M'Culloch: introductory discourse to A. Smith inquiry etc. p. XX—XXV. Auch Hildebrand „Nationalökonomie der Gegenwart und Zukunft" S. 12 nennt Mun den ersten theoretischen Merkantilisten in England.
[2]) Roscher, Zur Geschichte der Englischen Volkswirthschaftslehre; cf. namentlich S. 122.
[3]) Held, Careys Socialwissenschaft und das Merkantilsystem. S. 26.
[4]) Blanqui (histoire de l'économie polit. en Europe) sagt über die Ordonnanzen

dem Entstehen der Handelsbilanzlehre bleibt zwar Vermehrung des Baarvorraths noch immer Ziel der wirthschaftlichen Thätigkeit, aber die Mittel mit denen dieses Ziel zu erreichen gesucht wird, sind andere geworden. An Stelle der polizeilichen Einschränkungen des Einzelverkehrs tritt eine die Gesammtheit des Handels und der Industrie leitende Wirthschaftspolitik. Daher wird die Vermehrung der Bevölkerung, die Förderung der einheimischen Industrie, zunächst der für die Ausfuhr arbeitenden Zweige derselben, und die Vergrösserung der Schifffahrt, sowohl als Mittel, wie als Zweck ins Auge gefasst.

Das praktische Resultat der Wirksamkeit Mun's bestand in der gänzlichen Aufhebung der Geldausfuhrverbote im Jahre 1663.[1])

Eine weitere bedeutende Fortentwickelung der ökonomischen Einsicht ergiebt sich nun aus dem im Jahre 1669 erschienenen Werke Josiah Childs: Observations concerning trade and interest of money.[2])

Philipp des Schönen in Bezug auf den Kurs der gefälschten Münzen: „on croit multiplier la richesse en faisant d'un bon écu deux mauvais." S. 224 ff. Cap. XVIII, t. I.

[1]) Travers Twiss S. 58 l. c. Hierauf scheinen gegen die Ostindische Compagnie Anfeindungen von einem anderen Gesichtspunkte aus erhoben worden zu sein. Travers Twiss giebt eine interessante Parlamentsdebatte aus dem Jahre 1680 wieder, die anlässlich einer Petition der Englischen Seidenweber gegen den Import Indischer Seidenwaare entstanden war. Die Vertheidiger der Petition vertreten hier den Standpunkt des Schutzes der nationalen Arbeit gegen die schädigende Concurrenz der Fremdwaaren; die niedrigen Indischen Löhne werden zur Begründung der Klage angeführt. Uebrigens weisen auch hier noch zwei Redner auf die Schädlichkeit der Geldausfuhr hin.

[2]) Hier citirt nach der 1754 in Amsterdamm und Berlin erschienenen französischen Uebersetzung: Traités sur le commerce et sur les avantages qui résultent de la réduction de l'interest de l'argent par Josias Child, chevalier baronet. Sir Josiah Child hat noch ein zweites Werk verfasst: a new discourse of trade, im Jahre 1690; dieses letztere Werk ist ebenfalls wie die Schrift Muns mit dem Zwecke die Handelsoperationen der Ostindischen Compagnie gegen verschiedene Anfeindungen zu vertheidigen geschrieben worden. Nachdem das Parlament die oben erwähnte Petition der Englischen Seidenweber zu Gunsten der Bittsteller entschieden und die Einfuhr Indischer Seidenzeuge verboten hatte soll Child sein zweites Werk zur Widerlegung dieser Angriffe gegen den Indischen Import geschrieben haben. Ferner erschien im Jahre 1681 eine anonyme Broschüre von Φιλοπατρις die Child zugeschrieben wurde (Travers Twiss). Hier wird der Satz zum ersten Male aufgestellt: „Silber und Gold gemünzt oder ungemünzt, obgleich sie als Maass aller Sachen gebraucht werden, sind nicht weniger eine Waare, als Wein, Tuch, Stoffe etc. und können in vielen Fällen exportirt werden mit ebenso natürlichem Nutzen für das Land als irgend eine andere Waare; keine Nation war jemals oder wird jemals bedeutend (considerable) sein, die den Geldexport verbietet " — In-

Auch die Ansichten Childs sind nur richtig zu würdigen, wenn man stets im Auge behält, dass der Zustand der Englischen Volkswirthschaft gegenüber dem anderer Länder, namentlich Hollands, noch ein sehr ärmlicher war, und dass die Bedeutung der wirthschaftlichen Verhältnisse für das Wohl des Staates eben erst begonnen hatte, von den Staatsmännern jener Zeit als ihrer Aufmerksamkeit für würdig erachtet zu werden. Child sagt (S. 312), es sei jetzt allgemein bekannt, dass die Grösse und der Reichthum dieses Königreichs auf dem ausländischen Handel beruhe; daher, fügt er ausdrücklich hinzu, ist es nicht unter der Würde der Personen von höchstem Rang sich über die Interessen des Handels zu unterrichten. In der Einleitung (S. 52) aber heisst es „der Handel ist noch für England eine sehr neue Sache, im Vergleich mit den Kenntnissen, die die Holländer in dieser Angelegenheit erlangt haben". Die Blüthe des Holländischen Handels, ihre Reichthümer und Schiffe bilden den Neid ganz Europas (Cap. I., S. 57). Der Englische Handel habe erst begonnen unter Elisabeth; ausgezeichnet habe er sich unter Jacab I. und Karl I. (S. 163.)

Die Handelsbilanztheorie Child's ist namentlich wegen des Maassstabes interessant, nach welchem er sie beurtheilen will. „Ein vollständiges Verständniss der Handelsbilanz kann uns als Leuchte dienen, um die Mittel ausfindig zu machen, durch welche der Handel ausgebreitet und zum allgemeinen (public) Nutzen geleitet werden kann (312). Die Handelsbilanz im allgemeinen bezeichne dasjenige Mittel, durch welches man erkennen könne, ob ein Königreich durch seinen auswärtigen Handel gewinne oder verliere. Im besonderen Sinne bezeichne das Wort die Vergleichung der Ausfuhr

---

dessen war, wie aus den Ansichten Child's hervorgeht, es damals sehr gut möglich die Einsicht erlangt zu haben, dass Geld eine Waare wie andere Waaren sei und doch dabei dieser besonderen Waare eine höhere Wichtigkeit beizulegen wegen ihrer Dauerhaftigkeit und anderer natürlicher Eigenschaften. So vertheidigte auch Petty nachdem er in dem „Treatise on taxes and Contributions" (1662) eine Analyse des Werthbegriffs gegeben und den Werth auf Arbeit zurückgeführt hatte, doch in seinen späteren Schriften (on political arithmetic 1682 u 1691) den Vorzug des auswärtigen Handels vor allen anderen Beschäftigungsarten, weil durch diesen Handel Gold und Silber in das Land kommt, die nicht nur unzerstörbar sind, sondern zu allen Zeiten und überall als Reichthum geschätzt werden, so dass die Erzeugung solcher Waaren und das Befolgen eines solchen Handels, welcher das Land mit Gold, Silber und Juwelen versieht, vortheilhafter als alle anderen productiven Arbeiten ist. (Travers Twiss S. 64; Dühring, Kritische Geschichte der Nationalökonomie S. 59.)

mit der Einfuhr, um hieraus zu erfahren, ob jener Gewinn oder Verlust stattfinde. Dieses Mittel sei aber in Folge des Schmuggels und wegen der fehlerhaften Schätzungen und der unvollständigen Zollregister unzulänglich, namentlich in Bezug auf die Werthe der Aus- und Einfuhr. Auch könne ein Land trotzdem es jährlich mehr exportire, wie importire doch dabei verarmen, wenn es wie z. B. Irland nur exportiren müsse, um den abwesenden Grundbesitzern ihre Renten zu entrichten. Endlich können Gelder ausländischer Besitzer im Lande angelegt sein, und dann würde der Mehrexport auch nur ein Beweis der Armuth des Landes sein (S. 321). Nur nach dem Wechselkurs die Handelsbilanz zu beurtheilen, sei ebenfalls ungenügend, obgleich die Untersuchung des Standes der Kurse sehr nützlich ist.[1]) Aber der Wechselkurs werde auch durch andere ausserhalb des Handels liegende Umstände beeinflusst z. B. durch Kriege. Der einzige richtige Weg, sagt dann Child, um die Handelsbilanz zu beurtheilen „oder um einfacher zu sprechen, um den Verlust oder den Gewinn, den eine Nation aus dem Handel zieht zu erkennen," (336) ist nach dem Maassstabe der Zunahme oder der Abnahme der Schiffahrt. „Ueberall da, wo der Handel so beschaffen ist, dass die Schiffahrt zunimmt, und zwar nicht nur zuweilen, sondern eine lange Reihe von Jahren hindurch zunimmt, da ist der Handel sicher vortheilhaft für eine Nation." Durch eine täglich wachsende Schiffahrt finden immer mehr Menschen aller Professionen Beschäftigung (339).[2])

Diese Zunahme des Handels beweise nun zugleich, dass wir nicht mehr importiren als exportiren, und dass daher unser Geld nicht abströmt. Denn geschehe letzteres, so würden wir verarmen, und dann würde unser Handel eben nicht wachsen und unsere Schiffahrt müsste abnehmen. „Wenn dagegen das Gewicht unseres Handels im Ganzen zunimmt, wenn auch irgend ein einzelner Zweig desselben abnimmt, — so ist das ein unwiderlegbarer Beweis für den Gewinn den wir machen und dass wir täglich neue Mittel und neue Fonds für den Handel erwerben" (340).

---

[1]) Child macht hierbei die für die Verhältnisse des damaligen Handels charakteristische Bemerkung, dass England ständige Wechselkurse nur mit Frankreich, Holland, Flandern, Hamburg, Venedig, Livorno und Genua habe. S. 333 l. c.

[2]) Mit national-englischem prophetischem Blick sagt Child: „In der grossen Zahl der Schiffe und der Matrosen besteht die Kraft und das Bollwerk Englands." S. 30 introduct. Die Navigationsacte nennt Child die Carta magna maritima S. 36.

Hierauf stellt Child die Frage welche Mittel anzuwenden seien, um den Englischen Handel zu vergrössern und zwar so, dass er nicht nur dem Handel der anderen Nationen gleichkomme, sondern diesen übertreffe und die Handelsbilanz zu Englands Gunsten wende. Solcher Mittel gäbe es vier. Das erste sei die Vermehrung der im Handel beschäftigten Menschenzahl. Hierzu müsse die Colonisation der Fremden in England erleichtert werden, die Beschränkungen der Zahl der Gesellen in den Zünften, der Zahl der Webstühle und Maschinen aufgehoben werden; die Geistlichkeit müsste zur Heranziehung der Fremden mehr Toleranz üben, der Zinsfuss sollte herabgesetzt und das Bürgerrecht in den Städten leichter ertheilt werden. Das zweite Mittel sei, die im Handel angelegten Capitalien zu vermehren. Zu diesem Zweck rieth Child den Handel der Englischen Colonien noch strenger als bisher auf das Mutterland zu beschränken, die Wollausfuhr zu verbieten und die Feiertage, die die Productio stören, zu vermindern. Das dritte Mittel ist durch Einrichtung von Handelsgerichten und Aufhebung unnützer und zeitraubender Zollsporteln den Handel möglichst zu erleichtern. Das vierte Mittel besteht darin, „dass man den Handel mit uns zum Interesse aller anderen Nationen macht." Dieses Ziel will Child durch Begründung einer starken Kriegsflotte erreichen, um Achtung bei den anderen Nationen zu erlangen und sie, falls nöthig, zwingen zu können, nicht nur uns zum freien Handel zuzulassen, sondern dies unter den allergünstigsten Bedingungen zu thun, und uns so zu behandeln, wie eine Nation, vor der man Respect hat (S. 355).

Ferner müsse das öffentliche Vertrauen und Treue und Glauben den Ausländern gegenüber gewahrt werden d. h. die unter einem staatlichen Siegel oder einer öffentlichen Marke ins Ausland gehenden Waaren müssen genau von derjenigen Qualität, Länge etc. sein, die diese Beglaubigung angiebt. Die Einfuhr fremder Waaren aber will Child durch gutes Beispiel und durch möglichst „wenig gehässige" Mittel verhindern; gleich darauf räth er aber doch die Einfuhr Venetianischer Waaren und die des Weins aus den Canarischen Inseln ganz zu verbieten (S. 359).

Bei der grossen Rolle der Theorie der Handelsbilanz in Childs Anschauungen ist es selbstverständlich, dass er die Ausfuhrzölle gänzlich verwirft „nichts sei einer richtigen Politik widersprechender, da diese verlangt, dass wir jeden Export möglichst befördern" (S. 174).

In diesen eben entwickelten Ansichten Childs zeigt sich uns die Auffassung der Handelsbilanzlehre von einer ganz neuen Seite.[1])

Aus einer für sich bestehenden wirthschaftlichen Erscheinung, die abgesondert von der übrigen Wirthschaft beobachtet und deren Bedeutung als selbstständig auf sich sebst begründet aufgefasst wurde, ist die Handelsbilanz bei Child nur das Spiegelbild und der Maassstab der gesammten wirthsthaftlichen Lage eines Landes geworden. Child fasst die Handelsbilanz als **Wirkung** auf, deren Ursache der gesammte Zustand der Volkswirthschaft ist.

Früher wurde in der Handelsbilanz das Verhältniss der Edelmetallbewegung, dann das Verhältniss der nationalen Consumtion zur Production des Landes beobachtet — Child erkennt, dass Edelmetallbewegung, wie Verhältniss der Consumtion zur Production bestimmt und regiert werden von einer Gesammtursache: der Entwickelung der Volkswirthschaft — wenn der Handel und die Schiffahrt wächst, sagt er, ist es unmöglich, dass das Land dabei verliert. Mit dieser Erkenntnis des Causalzusammenhangs zwischen dem Wachsthum der gesammten Volkswirthschaft und den einzelnen Erscheinungen des Handels und Verkehrs musste diejenige vereinzelte Erscheinung des wirthschaftlichen Lebens, die bisher fast allein beobachtet wurde — die Handelsbilanz und die Bewegung der Edelmetalle — nothwendigerweise an relativer Bedeutung verlieren. Der ökonomische Ge-

---

[1]) So geläutert die Ansicht Child's über das Wesen der Handelsbilanz gegenüber der früheren grobsinnlichen Schätzung des Gold- und Silbererwerbs ist, so kann es doch Niemand, der die Ideen des Merkantilismus des 17. und 18. Jahrhunderts kennt, beifallen Child nicht für einen Merkantilisten zu halten. Deshalb bleibt der Ausspruch Roschers l. c. S. 65 „So unbegründet ist die Ansicht, welche den Child mit dem banalem Vorwurf des Merkantilismus glaubt abfertigen zu können" ein Beispiel der äusserst subjectiven Auffassung, die leider bei Roschers Wiedergabe der Ansichten älterer Schriftsteller nicht selten zu finden ist und die stets sich zu bemühen scheint selbst bei unzweifelhaften Merkantilisten verkannte Apostel einer Doctrin der Neuzeit zu entdecken. Roscher spricht also Child die Bezeichnung „Merkantilist" ab nachdem er in seinem Referat über Child's Ansichten selbst geschrieben, Child verehre den Erfinder des grossen Problems der Handelsbilanz, dessen Lösung um so wichtiger sei, je **verderblicher für ein Land der Verbrauch fremder Manufacturwaaren wäre**. Auch der niedrige Zinsfuss wird von Child, wie Roscher ebenfalls richtig wiedergiebt, namentlich auch als ein Mittel um die Handelsbilanz günstig zu gestalten, empfohlen. Und trotz alledem soll Child kein „Merkantilist" sein?! Wie freilich die nothwendige Abhängigkeit eines Schriftstellers von einem Ideenkreise, der alle seine Zeitgenossen und das ganze gebildete Europa noch ein ganzes Jahrhundert nachher beherrscht, einen „Vorwurf" bilden soll, ist eben so wenig ersichtlich.

danke beschränkt sich nicht mehr auf die Betrachtung dieser Einzel-Erscheinung sondern suchte in die bewegenden Ursachen und Lebensbedingungen der gesammten wirthschaftlichen Kräfte einzudringen. Hiermit wurde die Möglichkeit zur Bildung des Begriffes: Capital — eben der wirthschaftlichen Kraft — gegeben, und Child scheint in der That diesem Begriffe sehr nahe gekommen zu sein.

Der wesentliche Irrthum Child's, der in der Annahme besteht, dass eine künstliche Herabsetzung des Zinsfusses den englischen Handel auf die hohe Stufe des holländischen Handels bringen werde,[1]) erklärt sich ebenfalls durch die in ihm freilich noch nicht zur vollen Klarheit durchgedrungene Erkenntniss, dass die möglichst starke Association wirthschaftlicher Kräfte die Grundbedingung aller Produktion sei. S. 348 sagt Child: „Die Herabsetzung des Zinsfusses wird viel Geld in den Handel ziehen; alle Diejenigen, die sich mit dem Handel beschäftigen wollen, werden die Kapitalien, die sie besitzen, dort anlegen; was die Arbeiter und Handwerker anbelangt, so werden sie, die keine Kapitalien besitzen, **durch ihre Arbeit diejenigen vermehren**, welche die Nation vorher besass." — Das ist vielleicht das erste Mal, dass die **Arbeit** als kapitalbildende Kraft erkannt und bezeichnet wurde.

Die Wiedergabe der Ansichten eines Merkantilisten würde nicht vollständig sein, wenn wir nicht seine Auffassung von dem Verhältniss des Staatsinteresses zu dem Interesse und der Freiheit des Individuums hinzufügen würden. Child betont nachdrücklich die Nothwendigkeit der Freiheit der Bewegung des Einzelnen, dort wo es den Kampf gegen die Privilegien weniger Bevorzugter, wie der mit Monopolen ausgestatteten Handelscompagnien gilt. Hier vertritt Child die Forderung des free trade, und in diesem Sinne allein wird dieses Wort von den älteren englischen Schriftstellern gebraucht.[2])

---

[1]) Der eigendliche Zweck der ganzen Schrift Child's ist die obrigkeitliche Herabsetzung des Zinsfusses von 6% auf 4 oder 3% zu bewirken: „la diminution de l'interêt est la cause des richesses et de la prospérité de quelque nation que ce soit" S. 78.

[2]) Der Streit um free trade entstand durch den Missbrauch der Verleihung (Verkaufs) von Privilegien und Monopolen an einzelne Kaufleute und Handelsgesellschaften, namentlich seitens der stets geldbedürftigen ersten Stuarts. Auch schon unter Elisabeth hatte der Kampf gegen die den Handel von allen Seiten einschränkenden Monopole der merchant adventurers etc. begonnen. Nach Janschull l. c. S. 57 kommt das Wort free trade zum ersten Male vor in einer Bittschrift Englischer Kaufleute vom Jahre 1599 um die Erlaubniss mit Deutsch-

Dann sagt Child S. 226: „Die hauptsächlichste Sorge Derjenigen, die Gesetze geben, muss es sein, für das allgemeine Wohl im Ganzen Vorkehrungen zu treffen, ohne in die Einzelheiten der Ge-

land auf den Flüssen Weser und Elbe ungehindert Handel treiben zu dürfen. (Calendar of State papers for 1598—1601; 1869 S. 259 u. 326—327). Im Jahre 1603 äussert Thomas Alabaster in einem Bericht an Lord Cecil die Meinung, dass der Friede mit Spanien nicht eher segensreich wirken werde, als nicht Spanien Garantien für die Gewissensfreiheit, den freien Handel und die Sicherheit der Niederländer geben würde. Im folgenden Jahre (1604) schreibt derselbe: Spanien geht nicht auf den freien Handel, die Befreiung von der Inquisition und von der Auflage von 30 pCt. ein. Im Jahre 1606 erscheint im Parlament eine Petition um Gewährung des Rechts an alle Unterthanen Englands und Wales in den Besitzungen Spaniens, Portugals und Frankreichs frei Handel treiben zu dürfen. Im Jahre 1624 ersucht der Schah von Persien, anstatt der bisherigen durch eine mit dem Monopol ausgestattete Compagnie (der Levantischen) vermittelten Handelsbeziehungen, den Handel für Alle frei zu geben. — Gegen diese Forderungen nach Freigebung des Handels traten, wie zu erwarten war, die Besitzer der Monopole und Privilegien energisch auf. Die City von London brachte im Jahre 1609 ins Parlament einen Protest gegen die von anderer Seite erbetene Aufhebung des Handelsmonopols der merchant adventurers. In demselben Jahre petitionirt die Russische Compagnie um Aufrechterhaltung ihres Handelsprivilegs und um Verweigerung des freien Handels für Alle. Im Jahre 1606 protestirt die Spanische Compagnie beim Parlament gegen eine Bill zur Freigebung des Handels. Anfangs war das Uebergewicht entschieden auf Seiten der Monopolisten, um so mehr als das fiskalische Interesse der Regierungen sie unterstützte. Jakob I. erhielt im Jahre 1618 von der Compagnie merchant adventurers 50 000 £ St. zur Abwehr der Leute, welche das Recht des freien Handels verlangen, „obgleich für diese Forderung einige schon ins Gefängniss geworfen worden sind." Janschull l. c. Das Parlament gab im Jahre 1624 allen Personen das Recht, das bisher nur die merchant adventurers besassen, mit den Niederlanden Handel zu treiben; aber Carl I. verkaufte trotz dieses Beschlusses, als er in Geldnoth war, im Jahre 1634 den merchant adventurers abermals das Monopol, Tuch nach den Niederlanden und Deutschland zu exportiren. Aus gleichem fiskalischem Interesse handelte die Republikanische Regierung 1643, die, obgleich eine Petition um Aufhebung aller Monopole der merchant adventurers schon einer besonderen Commission des Parlaments übergeben worden war, doch für 30 000 £ St., die zur Bekriegung des Königs sehr gelegen kamen, der Compagnie ihre Monopole wieder bestätigte. (Travers Twiss, view of the progress of polit. econ. S. 49—50). — Aus diesem langwierigen Kampfe ergiebt sich, dass der unter dem Worte free trade verstandene Sinn, der war, dass ein bestimmter Handelszweig an einem bestimmten Ort oder mit einem bestimmten Lande, der bisher nur einer privilegirten Einzelperson oder Gesellschaft erlaubt gewesen war, für Alle Englischen Unterthanen freigegeben werden sollte. Durch dieses Verlangen nach free trade war also in keiner Weise ausgeschlossen, dass ein solcher Allen freistehender Handel der strengsten Ueberwachung, Reglementirung und beliebigen Auflagen und Ab-

schäfte jedes Privatmannes einzudringen." Hier haben wir also wie bei Mun den energischen Protest gegen die polizeilichen Massregelungen des alten Systems. Andererseits heisst es aber S. 48: „Der

---

gaben unterworfen sein konnte. Von dem heute mit dem Worte free trade verbundenen Sinn — Befreiung des Handels von Auflagen, Zöllen und allen durch staatliche Zwecke gebotenen Einschränkungen — findet sich in dem alten Worte free trade auch nicht die geringste Spur. Dieselben Leute, die eifrig gegenüber den ausschliessenden Monopolen der Compagnien das Recht des Handels für Alle verlangten, waren die eifrigsten Partisanen der Einfuhrbeschränkungen, und des Schutzes der einheimischen Produktion gegen ausländische Concurrenz. Es zeugt also nur von vollkommener Unkenntniss der wirthschaftlichen Gesammtverhältnisse jener Zeit, wenn man aus den Vorkommen des Wortes free trade auf das Vorhandensein „freihändlerischer" Tendenzen — in heutigem Sinne — bei den Schriftstellern des 17. und der ersten Hälfte des 18. Jahrhunderts schliessen will. —

Dass freilich, wenn es ihren Vortheil galt, die Engländer sehr früh verstanden haben, dem Auslande gegenüber allgemein humane auf scheinbare Handelsfreiheit abzielende Prinzipien zu proklamiren ergiebt sich u. a. aus einem von M'Culloch (introductory discourse to Adam Smith: inquiry etc. pag. xxv.) wiedergegebenen Empfehlungsschreiben, das Sir Hugh Willoughby, Knight und Captain Richard Chancelor im Jahre 1553 beim Antritt ihrer Entdeckungsreisen mitgegeben wurde. Das in Lateinischer, Griechischer und in mehreren anderen Sprachen abgefasste und an alle Könige, Prinzen „and all other, to whom there is any power on earth" gerichtete Schriftstück ist in einem Style abgefasst, der religiös-humane Ermahnungen mit sehr materiell-praktischen Erwägungen in köstlicher Weise zu mischen versteht. „The God of heaven and earth, greetly providing for mankind. would not that all things should be found in one region, to the ende that one should have need of another; that by this means friendship might be established among all men and every one seek to gratifie all." Um diese „allgemeine Freundschaft aller Menschen" zu begründen und auszubreiten seien diese Männer des Englischen Königreichs in fremde Länder gezogen, desgleichen bewogen, durch den Wunsch Dasjenige zu holen, was ihren Landsleuten fehlt und dasjenige den fremden Ländern zu bringen, was ihnen fehlt, „so dass hierdurch nicht blos Waaren für Euch und uns erlangt würden but also an indissoluble and perpetual league and friendship." Daher wird für die Reisenden free passage erbeten und versprochen, dass sie nichts anrühren werden, was die Fürsten der fremden Länder ihnen nicht erlauben. Zum Schluss wird auf Gegenseitigkeit in der Behandlung der seefahrenden Kaufleute hingewiesen. Obgleich nun dieses interessante Schriftstück von der „disposition to cultivate the love and friendship of his kind implanted by the Allmighty in the heart of man" spricht und sogar auf das Benehmen der früheren Englischen Könige „to shewe good affection to those who came to them from farre countries" hinweist, so darf man doch nicht vergessen, dass die Zeit der Abfassung dieses Briefes in die Periode der wachsenden Ausschliessung aller fremdländischen Kaufleute und ihres Handels vom Englischen Verkehre fällt und dass noch lange nachher die Engländer ihre „allgemeine Nächstenliebe" durch das schamloseste Seeräuberwesen gegenüber der Schifffahrt aller anderen Nationen dokumentirten (s. oben

Vortheil des einzelnen Kaufmanns muss wohl unterschieden werden von dem allgemeinen Nutzen des Königreichs, und es muss bedacht werden, dass oft viel daran fehlt, dass der private Nutzen des Kaufmanns mit dem allgemeinen übereinstimmt; diese beiden Interessen sind sich sogar meist entgegengesetzt, obgleich viele Leute aus Vorurtheil oder aus besonderen Absichten sie alle Tage mit einander verwechseln, oder suchen, das Eine für das Andere auszugeben." —

Nicht in der Behauptung, dass der Nutzen des Privatmannes und der des Staats sich in vielen Fällen widerstreben, sondern in der Erkenntniss, dass es einen solchen Gegensatz der Interessen geben könne, und in der Forderung der Unterordnung des Einzelinteresses unter den allgemeinen Nutzen, lag der Schwerpunkt und die historische Bedeutung der politisch-ökonomischen Anschauungen der alten Handelsbilanztheoretiker. In der Erkenntniss des Vorhandenseins einer alle Einzelindividuen solidarisch verbindenden staatlichen Gesammtheit und in der richtigen Auffassung der Bedürfnisse und Interessen dieses Gemeinwesens bestand der Fortschritt der merkantilistischen nationalökonomischen Anschauungen gegenüber dem Mittelalter, das nur privatwirthschaftliche Interessen, Forderungen und Rechte kannte und den Staat selbst blos als eine den übrigen Wirthschaften coordinirte Privatwirthschaft betrachtet hatte. Insofern nun einer späteren nationalökonomischen Theorie dieses lebendige Staatsbewusstsein abhanden gekommen war oder sie dasselbe bei ihrer Erörterung der wirthschaftlichen Vorgänge ignoriren zu können meinte, fand gegenüber der merkantilistischen Auffassung ein Rückschritt der nationalökonomischen Theorie zu dem bereits überwundenen privatwirthschaftlichen Standpunkte des Mittelalters statt. Denn so gross die Fortschritte dieser neueren nationalökonomischen Richtung in der objectiven Erkenntniss der Ursachen und Wirkungen der

---

Seite 62.) Es ist daher völlig unbegreiflich, wie M'Culloch aus den Sentenzen dieses Schriftstücks herauslesen kann, dass die Staatsmänner, die dasselbe abfassten, den Glauben an die „Sophistereien" des Merkantilsystems verloren hatten. M'Culloch sieht in diesem doch von der handgreiflichsten Interessenpolitik dictirten Actenstück nichts als „enlightened opinions" und „enlarged and liberal views." Demgegenüber wird gerade dieses Schriftstück als Beispiel dafür dienen können, wie gefährlich es ist, aus einem einzelnen Fall oder aus einem gelegentlichen Ausspruch eines Schriftstellers, ohne Rücksicht auf die Gesammtheit der zu jener Zeit herrschenden Zustände, Schlüsse auf die wirkliche Bedeutung und Tendenz dieser Aussprüche zu thun.

wirthschaftlichen Erscheinungen sein mochten und so sehr sie ihre Abstumpfung des staatlichen Individualitätsbewusstseins hinter kosmopolitischen Theorien zu verbergen trachtete, so ist doch die von ihr stets vorangestellte Identificirung des Nutzens der besitzenden und erwerbenden Einzelindividuen mit dem Nutzen der Gesammtheit nur eine andere Form für die von den Merkantilisten bekämpfte mittelalterliche Unterordnung der Staatszwecke unter die Interessen und Bestrebungen der Privatwirthschaften.